Über den Ursprung des Uhrwerks,

des Perpetuum Mobile und des Kompasses

Derek J. de Solla Price

Writat

Diese Ausgabe erschien im Jahr 2023

ISBN: 9789359255422

Herausgegeben von
Writat
E-Mail: info@writat.com

ÜBER DEN URSPRUNG VON UHRWERKEN, PERPETUAL MOTION-GERÄTEN UND DEM KOMPASS

Von Derek J. de Solla Price

Einige halten die Sonnenuhr für den Vorläufer der mechanischen Uhr. Tatsächlich stellen diese Geräte zwei unterschiedliche Ansätze für das Problem der Zeitmessung dar. Zu den wahren Vorfahren der Uhr zählen die hochkomplexen astronomischen Maschinen, die der Mensch seit der hellenischen Zeit baut, um die relativen Bewegungen der Himmelskörper zu veranschaulichen.

Diese Studie – ihre Ergebnisse werden bei der Vorbereitung des neuen Saals des Museums zur Geschichte der Zeitmessung verwendet – verfolgt diese Abstammung durch 2.000 Jahre Geschichte auf drei Kontinenten.

DER AUTOR : *Derek J. de Solla Price schrieb diesen Artikel während seiner Tätigkeit als Berater des Museums für Geschichte und Technologie des United States National Museum der Smithsonian Institution.*

Gunst der Sonne dem einen oder anderen nach Belieben wieder offenbart . (*Sūrya Siddhānta* , hrsg. Burgess, xiii, 18-19.)

Die Geschichte der mechanischen Uhr und des magnetischen Kompasses zählt zu den schwierigsten unserer Bemühungen, die Ursprünge der wichtigen Erfindungen des Menschen zu verstehen. Unwissenheit wurde allzu oft durch Mutmaßungen und Mutmaßungen durch falsche Zitate und die falsche Autorität des „allgemeinen Wissens" ersetzt, das durch die Wiederholung legendärer Geschichten von einer Generation von Lehrbüchern zur nächsten entsteht. Im Folgenden kann ich nur hoffen, dass die Hinzufügung eines starken neuen Weges und die Beseitigung mehrerer falscher und schwächerer Wege uns einem ausgewogenen und integrierten Verständnis mittelalterlicher Erfindungen und der interkulturellen Weitergabe von Ideen näher bringen werden.

Das vielleicht größte Hindernis für die mechanische Uhr war ihre Behandlung im Rahmen einer eigenständigen „Geschichte der Zeitmessung", in der Sonnenuhren, Wasseruhren und ähnliche Geräte die natürliche Rolle der Vorfahren der gewichtsgetriebenen Hemmungsuhr in

"

der Frühzeit übernehmen 14. Jahrhundert. [1] Bei dieser Ansicht muss davon ausgegangen werden, dass ein allgemein hochentwickeltes Wissen über Getriebe bereits vor der Erfindung der Uhr vorhanden war und bis in die klassische Periode von Hero und Vitruvius und solchen Autoren zurückreicht, die für ihren mechanischen Einfallsreichtum bekannt sind.

Darüber hinaus ist es, selbst wenn man zugibt, dass uhrähnliche Getriebe schon vor der Existenz der Uhr verwendet wurden, immer noch notwendig, nach den unabhängigen Erfindungen des Gewichtsantriebs und der mechanischen Hemmung zu suchen. Die erste davon mag vergleichsweise trivial erscheinen; Jeder, der mit dem Heben schwerer Lasten mittels Seilen und Flaschenzügen vertraut ist, könnte sicherlich die Möglichkeit erkennen, eine solche Anordnung umgekehrt als Quelle für konstante Kraft zu nutzen. Dennoch wird die Verwendung dieses Geräts nicht vor seiner Verbindung mit Hydraulik- und Perpetuum-Motion-Maschinen in den Manuskripten von Ri ḍ wān , *ca.* 1200 und seine Verwendung in einer Uhr, die ein solches Perpetuum-Motion-Rad (mit Quecksilber gefüllt) als Hemmung verwendet, in den astronomischen Kodizes von Alfons dem Weisen, König von Kastilien, *ca.* 1272.

Die zweite Erfindung, die der mechanischen Hemmung, warf eines der verlockendsten Probleme auf. Zweifellos scheint die Hemmung mit Krone und Foliot die erste komplizierte mechanische Erfindung zu sein, die im europäischen Mittelalter bekannt war; es läutet unser gesamtes Zeitalter des Maschinenbaus ein. Dennoch wurde weder eine Spur einer stetigen Weiterentwicklung solcher Hemmungen noch ihrer Erfindung in Europa gefunden, obwohl die astronomische Uhr, die von einem Wasserrad angetrieben und von einer hemmungsähnlichen Vorrichtung gesteuert wird, in China vor ihrem ersten Erscheinen mehrere Jahrhunderte lang entwickelt worden war unserer Uhren. Wir müssen nun eine überarbeitete Geschichte über den Ursprung der Uhr einstudieren, wie sie durch neuere Forschungen zur Geschichte der Zahnräder sowie zu chinesischen und anderen astronomischen Maschinen nahegelegt wurde. Danach werden wir zum ersten Mal Beweise dafür vorlegen, dass diese Geschichte seltsamerweise mit der des *Perpetuum Mobile zusammenhängt* , einer der großen Chimären der Wissenschaft, die aus ihrem mittelalterlichen Ursprung stammt und eine wichtige Rolle in neueren Entwicklungen der Energetik spielt und die Grundlagen der Thermodynamik. [2] Es ist eine merkwürdige Mischung, umso mehr, als wir untrennbar darin verstrickt die wichtigsten und frühesten Hinweise auf die Verwendung des Magnetkompasses im Westen finden. Es scheint, dass diese Überlegungen zu Perpetuum Mobile bei der Überarbeitung der Geschichte des Uhrwerks und des Magnetkompasses einige dringend benötigte Beweise liefern könnten.

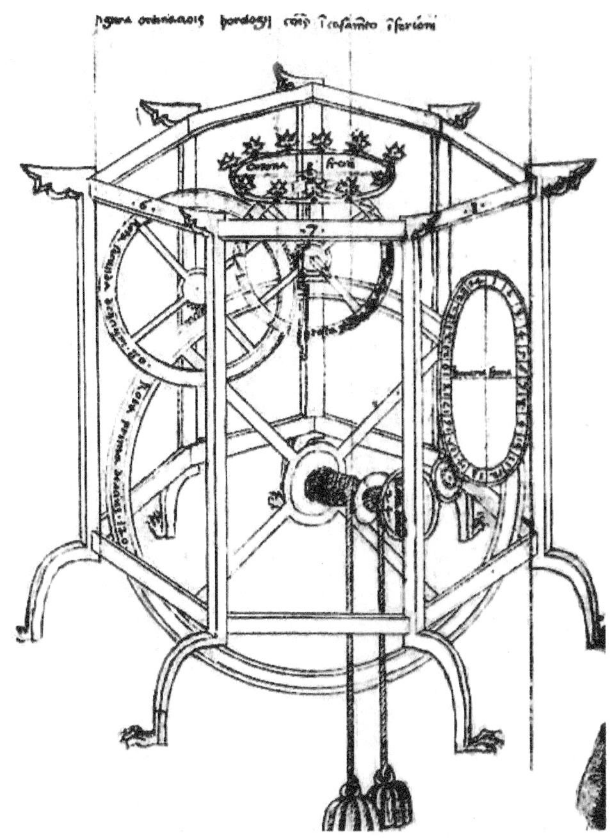

Abbildung 1. – RAHMENSTRUKTUR DER ASTRONOMISCHEN UHR von Giovanni de Dondi aus Padua, 1364 n. Chr.

Kraft- und Bewegungsgetriebe

Man kann ohne weiteres davon ausgehen, dass die Verwendung von Zahnrädern zur Kraftübertragung oder Drehung um einen Winkel mehrere Jahrhunderte vor Beginn unserer Zeitrechnung in allen Kulturen weit verbreitet war. Sicherlich waren sie bereits in der Antike Archimedes (geb. 287 v. Chr.) bekannt, [3] und in China sind tatsächliche Beispiele von Rädern und Formen für Räder aus dem 4. Jahrhundert v. Chr. erhalten. [4] Es sei angemerkt, dass sich diese „Maschinen"-Zahnräder dadurch auszeichnen, dass sie eine „runde" Zähnezahl (bekannt sind Exemplare mit 16, 24 und 40 Zähnen) und einen Schaft mit quadratischem Loch haben, der ohne Drehen auf eine quadratische Welle passt . Ein weiteres bemerkenswertes Merkmal dieser frühen Zahnräder ist die Verwendung von ratschenförmigen Zähnen, die manchmal sogar schraubenförmig verdreht sind, sodass die Zahnräder wie Schnecken aussehen, die auf parallelen Achsen ineinandergreifen. [5] Die Existenz von Wind- und Wassermühlen zeugt von der allgemeinen Vertrautheit seit der Antike und dem Mittelalter mit der Verwendung von Zahnrädern zur Drehung von Kraft um einen rechten Winkel.

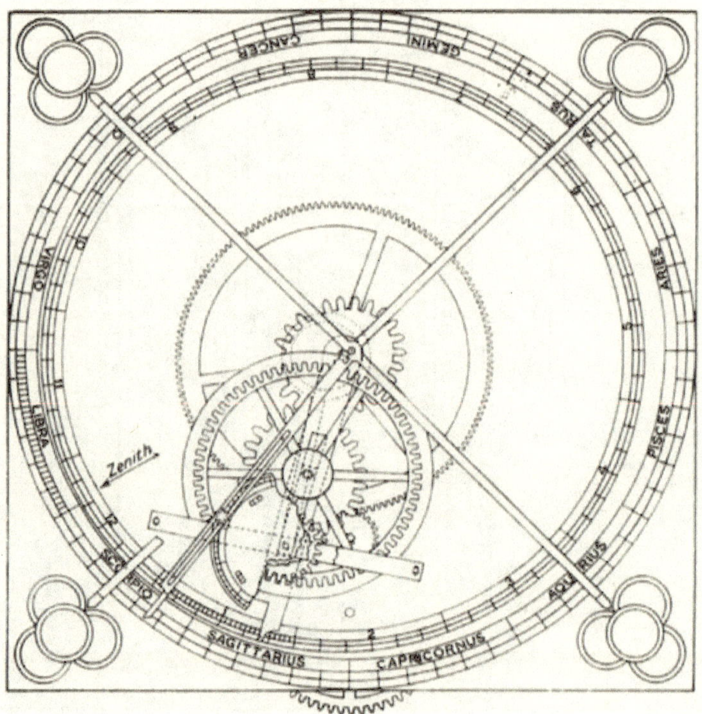

Abbildung 2. – ASTRONOMISCHE UHR von de Dondi , zeigt die Gangschaltung auf dem Zifferblatt für Merkur und das Hemmungskronenrad. Jede der sieben Seitenwände der in Abbildung 1 gezeigten Struktur war mit einem Zifferblatt ausgestattet.

Angesichts dieser Verwendung von Zahnrädern muss man sich also vor der Schlussfolgerung hüten, dass die feinmechanische Verwendung von Zahnrädern zur Bereitstellung spezieller Winkelbewegungsverhältnisse ähnlich allgemein und weit verbreitet war. Es ist üblich, hier die Beweise des von Vitruv (1. Jahrhundert v. Chr.) und Hero von Alexandria (1. Jahrhundert n. Chr.) beschriebenen Hodometers (Taxameter) sowie die ebenfalls von diesem letztgenannten Autor und seinen islamischen Anhängern beschriebenen genialen Automaten anzuführen. [6] Man kann auch die Verwendung der Untersetzungsgetriebekette in Kraftmaschinen anführen, wie sie in der Getriebewinde von Archimedes und Hero verwendet wurde.

Leider enthalten selbst die komplexesten Automaten, die von Hero und von Autoren wie Ri ḍ wān beschrieben werden, Getriebe in keinem umfassenderen Kontext als als Mittel zur Übertragung von Aktionen um einen rechten Winkel. Was die Ankerwinde und das Hodometer betrifft, so enthalten sie zwar eine ganze Reihe von Zahnrädern, die schrittweise als Untersetzungsmechanismus dienen, normalerweise für ein außergewöhnlich hohes Übersetzungsverhältnis, aber hier sind die technischen Details so ätherisch , dass man bezweifeln muss, ob es solche Geräte gab tatsächlich in der Praxis umgesetzt. So schreibt Vitruv von einem Rad mit einem Durchmesser von 4 Fuß und 400 Zähnen, das von einem einzahnigen Ritzel auf einer Karrenachse gedreht wird, aber es ist sehr zweifelhaft, ob solche kleinen Zähne, die notwendigerweise etwa 3/8 Zoll voneinander entfernt sind, die erforderliche Leistung erbringen würden Robustheit. Wieder erwähnt Hero ein Rad mit 30 Zähnen, für dessen Drehung aufgrund von Unvollkommenheiten möglicherweise nur 20 Umdrehungen einer einzelnen Schneckenschnecke erforderlich wären! Solche Aussagen sind zur Vorsicht geboten und man muss darüber nachdenken, ob wir durch die Ausgaben dieser Autoren aus dem 16. und 17. Jahrhundert in die Irre geführt wurden, die Rekonstruktionen enthielten, die heute oft als maßgeblich zitiert werden, dann aber als Arbeitsdiagramme für den praktischen Gebrauch in einer Zeit dienten, als es die Uhr bereits gab ein bekannter und komplexer Mechanismus. Selbst wenn man ohne substanzielle Beweise zugibt, dass solche Untersetzungsgetriebe seit hellenistischer Zeit bekannt waren, können sie auf jeden Fall kaum als weit entfernte Vorfahren der frühesten mechanischen Uhren dienen.

Mechanische Uhren

Bevor wir zu einer Diskussion der kontroversen Beweise übergehen, die zur Überbrückung dieser Lücke zwischen dem ersten Einsatz von Zahnrädern und der voll entwickelten mechanischen Uhr herangezogen werden können, müssen wir die andere Seite dieser Lücke untersuchen. Neuere Forschungen zur Geschichte früher mechanischer Uhren haben bestimmte Besonderheiten aufgezeigt, die für unsere vorliegende Argumentation von größter Bedeutung sind.

DIE EUROPÄISCHE TRADITION

Terminus ante quem für das Erscheinen der mechanischen Uhr in Europa festlegen will , scheint 1364 ein sehr vernünftiges Datum zu sein. Zu dieser Zeit verfügen wir über das sehr vollständige mechanische und historische Material über das uhrmacherische Meisterwerk, das von Giovanni de Dondi aus Padua gebaut wurde, [7] und wahrscheinlich bereits im Jahr 1348 begonnen wurde. Es wäre durchaus möglich, ein Datum ein paar Jahrzehnte früher festzulegen, aber im Allgemeinen Je weiter man von diesem Punkt aus zurückgeht, desto fragmentarischer und unsicherer werden die Beweise. Die größten Zweifel entstehen durch die Verwechslung von Sonnenuhren, Wasseruhren, handgeschlagenen Zeitglocken und mechanischen Uhren, die alle unter dem Begriff Horologium und seinen umgangssprachlichen Entsprechungen zusammengefasst *werden* .

Vorübergehende Verschiebung der Beweiswürdigung vor *ca.* 1350 können wir Giovanni de Dondi als Ausgangspunkt nehmen und eine praktisch ununterbrochene Abstammungslinie von seiner Zeit bis heute verfolgen. Man kann die Verbreitung von Uhren in ganz Europa verfolgen, von Großstädten zu Kleinstädten, von den reicheren Kathedralen und Abteien bis zu den weniger wohlhabenden Kirchen. [8] Es gibt den Übergang von den Turmuhren – Prunkstücken großer Institutionen – zur einfachen Kammeruhr für den Hausgebrauch und zu kleineren tragbaren Uhren und noch kleineren und tragbareren Taschenuhren. Bei der mechanischen Verfeinerung lässt sich eine ähnliche Kontinuität feststellen, so dass man die kumulative Wirkung der Einführung des Federantriebs (*ca.* 1475), der Pendelsteuerung (*ca.* 1650) und der Ankerhemmung (*ca.* 1680) erkennen kann. Der Übergang von de Dondi zum modernen Chronometer ist in der Tat grundsätzlich kontinuierlich, und obwohl zu speziellen Themen noch viel Forschung betrieben werden muss, weist er eine historische Einheit auf und scheint größtenteils dem allgemeinen Muster stetiger mechanischer Verbesserung zu entsprechen, das anderswo in der Welt zu finden ist die Geschichte der Technik.

Abbildung 3. – DEUTSCHE WANDUHR, WAHRSCHEINLICH UM 1450 , die den Rückgang der Komplexität gegenüber der Uhr von de Dondi zeigt .

Am bemerkenswertesten ist jedoch die früheste Periode dieser scheinbar stetigen Entwicklung. Neben den Fortschritten, die in der frühesten Periode erzielt wurden, die sich seit der Zeit de Dondis über weniger als zwei Jahrhunderte erstreckte , kann man einen spektakulären Prozess der Degeneration oder Dezentralisierung beobachten. De Dondis Uhr ist nicht nur die früheste Uhr, über die wir einen vollständigen und vertrauenswürdigen Bericht haben, sie ist auch weitaus komplizierter als alle anderen (siehe Abb. 1, 2) bis in vergleichsweise moderne Zeiten! Außerdem war es kein außergewöhnlicher Freak. Es gab andere solcher Art, und daher kann man diesen Degenerationsprozess, der zu Beginn der bestimmten Geschichte der mechanischen Uhr in Europa stattfindet, nicht als Zufall ablehnen.

Auf der Grundlage solcher Beweise habe ich an anderer Stelle [9] vorgeschlagen , dass die Uhr „ nichts anderes als ein gefallener Engel aus der Welt der Astronomie" ist. Die ersten großen Uhren des mittelalterlichen Europas waren als astronomische Schaustücke konzipiert und mit komplizierten Zahnrädern und Zifferblättern ausgestattet, um die Bewegungen von Sonne, Mond und Planeten anzuzeigen, Finsternisse anzuzeigen und die komplizierten Berechnungen des kirchlichen Kalenders durchzuführen. Als solche waren sie mit den Orrerien des 18. Jahrhunderts und modernen Planetarien vergleichbar; Dass sie auch die Zeit anzeigten und sie auf Glocken läuteten, war fast nebensächlich zu ihrer Hauptaufgabe. Man darf auch nicht außer Acht lassen, dass ihre größte Wirkung in der Verherrlichung der Rationalität des Kosmos lag. Über Jahrtausende der Zivilisation hinweg war das Verständnis des Menschen für Himmelsphänomene der Höhepunkt seines Intellekts gewesen, und damals wie heute waren populäre Ausstellungen dieser Art ebenso notwendig, ebenso beeindruckend und ebenso beeindruckend. Man muss nicht weit gehen, um zu erkennen, welchen großen Einfluss die Utensilien dieser frühen großen astronomischen Uhren auf Philosophen und Theologen sowie auf Dichter wie Dante hatten.

Die These dieses Teils meiner Argumentation besteht darin, dass die gewöhnliche Zeitmessuhr kein Ableger der anderen einfachen Zeitmessgeräte wie Sonnenuhren, Sanduhren und der elementaren Wasseruhren ist. Vielmehr sollte es als entarteter Zweig des Hauptstamms mechanisierter astronomischer Geräte (ich werde sie Protouhren nennen) betrachtet werden, ein Stamm, der eine kontinuierliche Geschichte vorweisen kann und die Lücke zwischen dem Aufkommen einfacher Getriebe und den Komplikationen von de Dondi füllt . Wir kehren zur Diskussion dieses Hauptstamms zurück, nachdem wir den erst kürzlich entdeckten Parallelstamm aus dem mittelalterlichen China analysiert haben, der eine zufällige Zeitangabe reproduzierte. Von größter Bedeutung ist, dass dieser Schaft die entscheidende unabhängige Erfindung einer mechanischen Hemmung offenbart, ein Merkmal, das trotz jahrhundertelanger intensiver historischer Forschung und Bemühungen beim europäischen Schaft nicht zu finden ist.

Für diesen Abschnitt habe ich das Privileg, auf ein spannendes Forschungsprojekt zurückzugreifen, das 1956 an der Universität Cambridge von einem Team bestehend aus Dr. Joseph Needham, Dr. Wang Ling und mir durchgeführt wurde. [10] Im Verlauf dieser Arbeit haben wir eine Reihe von Texten übersetzt und kommentiert, von denen die meisten bisher nicht in einer westlichen Sprache verfügbar waren und die, obwohl sie in China gut bekannt waren, aufgrund ihres uhrmacherischen Inhalts nicht als wichtig angesehen wurden. Der Schlüsseltext, mit dem wir begannen, war „ Hsin I Hsiang Fa Yao" oder „Neuer Entwurf für eine (mechanisierte) Armillarsphäre und einen (Himmels-) Globus", geschrieben von Su Sung im Jahr 1090 n. Chr. Der sehr vollständige historische und Die technische Beschreibung in diesem Text ermöglichte es uns, ein Glossar und ein grundlegendes Verständnis des Mechanismus zu erstellen, das es uns später ermöglichte, eine ganze Reihe ähnlicher, wenn auch weniger umfangreicher Texte zu interpretieren und so einen Überblick über die frühere Entwicklung solcher Geräte zu geben, die bis zu deren Einführung zurückreicht Art der Hemmung von I- Hsing und Liang Ling- tsan im Jahr 725 n. Chr. und das, was das Original aller dieser chinesischen astronomischen Maschinen zu sein scheint, das von Chang Hông gebaute *ca.* 130 n. Chr. Die Lücken zwischen diesen Meilensteinen füllen mehrere andere ähnliche Texte, die reichliche Beweise dafür liefern, dass die chinesische Entwicklung kontinuierlich und, zumindest ab Chang Hông, weitgehend unabhängig von jeglichen Übermittlungen aus dem Westen ist.

Soweit wir sehen können, war der Anfang der Kette in China (wie auch im Westen) die Erstellung einfacher statischer Modelle der Himmelssphäre. Zur Darstellung der wichtigsten imaginären Kreise (*z. B.* Äquator, Ekliptik, Meridiane usw.) wurde eine Armillarsphäre oder ein fester Himmelsglobus verwendet, auf dem solche Kreise zusammen mit den Sternbildern der Fixsterne gezeichnet werden konnten. Der gesamte Apparat wurde dann so montiert, dass er sich frei um seine Polachse drehen konnte, und ein weiterer Ring oder ein Gehäuse wurde außen und fest angebracht, um den Horizont darzustellen, der als Bezugspunkt für den Auf- und Untergang der Sonne und der Sterne diente.

In der nächsten Stufe, die sehr bald danach erreicht wurde, wurde die Drehung des Modells so angeordnet, dass sie automatisch statt von Hand erfolgt. Wir glauben, dass dies durch die Verwendung eines langsam rotierenden Rads, das durch tropfendes Wasser angetrieben wurde, und durch Drehen des Modells über einen Untersetzungsmechanismus erreicht wurde, der wahrscheinlich Zahnräder oder, vernünftiger, ein einzelnes großes Zahnrad, das über einen Auslösehebel gedreht wurde, beinhaltete. Es spielte keine große Rolle, dass die Zeitmessungseigenschaften auf lange Sicht schlecht waren; Das Modell bewegte sich „von selbst", und das große Wunder bestand darin, dass es mit dem beobachteten Himmel „wie die beiden Hälften einer Strichliste" übereinstimmte.

Im nächsten und wesentlichen Schritt wurde die Drehung des Wasserrads durch einen „Hemmungs"-Mechanismus reguliert, der aus einer Waage und Auslösehebeln bestand, die so angeordnet waren, dass das Rad Schaufel für Schaufel in Schach gehalten wurde, während jede Schaufel von der Waage gefüllt wurde Das tropfende Wasser wird dann von der Wiegebrücke freigegeben und rotiert, bis es erneut durch die Auslösehebelanordnung kontrolliert wird. Seine Wirkung ähnelte der der Ankerhemmung, allerdings war seine Ruhezeit viel länger als seine Bewegungsperiode und natürlich wurden seine Zeitmessungseigenschaften nicht nur durch die Mechanik des Geräts, sondern auch durch die Geschwindigkeit gesteuert Fluss des tropfenden Wassers.

Die chinesische Hemmung kann zu Recht als fehlendes Glied angesehen werden, genau auf halbem Weg zwischen der einfachen Clepsydra mit ihrem stetigen Wasserfluss und der mechanischen Hemmung, bei der die Zeit gezählt wird, indem der Fluss in Aktionszyklen zerlegt, auf unbestimmte Zeit wiederholt und von einem Kumuliergerät gezählt wird . Da die chinesische Hemmung die Eigenschaft hat, über einen beträchtlichen Zeitraum (etwa 15 Minuten) Energie zu speichern, bevor sie sie in einem kraftvollen Vorgang freigibt, eignete sie sich besonders für den Antrieb von Hebewerken und anderen Demonstrationsgeräten, die viel Energie, aber nur zeitweilige Aktivität erforderten.

In seiner endgültigen Form, wie sie von Su Sung nach vielen Versuchen und Verbesserungen gebaut wurde, muss der chinesische „astronomische Uhrturm" ein äußerst beeindruckendes Objekt gewesen sein. Es hatte die Form eines etwa 30 Fuß hohen Turms, auf dem sich eine Aussichtsplattform befand, die mit einem leichten Dach bedeckt war (siehe Abb. 4). Auf der Plattform befand sich eine Armillarsphäre zur Beobachtung des Himmels. Es wurde durch das Uhrwerk gedreht, um der Tagesrotation zu folgen und so die beunruhigenden Berechnungen zu vermeiden, die durch die Änderung der Koordinaten verursacht wurden, die bei Verwendung fester Altazimut-Instrumente erforderlich waren. Unterhalb der Plattform befand sich eine geschlossene Kammer, in der sich die automatisch gedrehte Himmelskugel befand, die so wunderbar mit dem Himmel übereinstimmte. Darunter, an der Vorderseite des Turms, befand sich eine Miniaturpagode mit fünf Ebenen; Auf jeder Etage befand sich eine Tür, durch die zu gegebener Zeit Buben auftauchten, die Glocken läuteten, Gongs schlugen, Trommeln schlugen und Tafeln in der Hand hielten, um die Ankunft jeder Stunde, jedes Quartals (sie benutzten 100 Stück pro Tag) und jede einzelne anzukündigen Wache der Nacht. Im Turm war der Mechanismus verborgen; Es bestand hauptsächlich aus einer zentralen vertikalen Welle, die die Kugel, den Globus und die Stellräder antreibt, und einer horizontalen Welle, die mit der vertikalen Welle verbunden ist und das große Wasserrad trägt, das sich auf magische Weise in jeder Richtung in Bewegung zu setzen scheint. Zusätzlich zu all dem gab es die Hebel des Hemmungsmechanismus und ein Paar Norias , mit denen einmal am Tag das verbrauchte Wasser von einem Sumpf unten in einen Behälter oben gepumpt wurde, von wo es nach unten ging, um das Rad zu bewegen mittels eines Tanks mit konstantem Füllstand und mehreren Kanälen.

Es gab viele Ableger und Weiterentwicklungen dieses Hauptzweigs der chinesischen Uhrmacherkunst. Uns wird zum Beispiel erzählt, dass häufig Quecksilber und gelegentlich Sand als Ersatz für das Wasser verwendet wurden, das im Winter häufig gefror, obwohl im Inneren der Maschinen brennende Kohlenbecken angebracht waren. Andererseits wurden auch die astronomischen Modelle und die Arbeit selbst einer schrittweisen Verbesserung unterzogen: Zur Zeit von I- Hsing wurde beispielsweise besonderes Augenmerk auf die Abgrenzung der Ekliptik sowie der normalen äquatorialen Koordinaten gelegt; Dies war eindeutig ein Einfluss der hellenistisch-islamischen Astronomie, in der die relativ hochentwickelte Planetenmathematik diesen in China sonst nicht beobachteten Wandel erzwungen hatte.

Zur Zeit der Jesuiten war diese Strömung der chinesischen Uhrmacherkunst, die durch die Gefahren von Kriegen, Stürmen und Regierungsreformen längst völlig zerstört worden war, völlig in Vergessenheit geraten. Matteo Riccis Uhren, jene Geschenke, die so viel mehr Interesse erregten als europäische theologische Lehren, waren für die chinesischen Gelehrten des 16. Jahrhunderts offensichtlich etwas ganz Neues; so sehr, dass sie mit einem völlig neuen Namen versehen wurden: „selbstklingende Glocken", eine direkte Übersetzung des Wortes „Uhr" (*glokke*). Angesichts der Tatsache, dass die mittelalterliche chinesische Hemmung die Grundlage der europäischen Uhrmacherkunst gewesen sein könnte, ist es eine merkwürdige Wendung des Schicksals, dass die hohe Wertschätzung der Chinesen für europäische Uhren sie dazu veranlasst hat, ihre Türen zu öffnen, die zuvor so sorgfältig und fürsorglich waren so lange vor den fremden Barbaren verschlossen gehalten.

Abbildung 4. – ASTRONOMISCHER UHRTURM VON SU SUNG in K'ai -feng, *ca.* 1090 n. Chr., nach einer Originalzeichnung von John Christiansen. (*Mit freundlicher Genehmigung von Cambridge University Press.*)

Mechanisierte astronomische Modelle

Nachdem wir nun gesehen haben, wie sich mechanisierte astronomische Modelle in China entwickelten, können wir eine ähnliche Linie erkennen, die von der hellenistischen Zeit über Indien und den Islam bis zum mittelalterlichen Europa verläuft, das ihre Gelehrsamkeit erbte. Es gibt viele Unterschiede, insbesondere aufgrund der besonderen Entwicklung dieses besonderen Merkmals des Westens, der mathematischen Astronomie, die durch die fast zufällige Verbindung babylonischer Rechenmethoden mit denen der griechischen Geometrie bedingt ist. Allerdings sind die Linien überraschend ähnlich, mit Ausnahme der entscheidenden Erfindung der Hemmung, ein Merkmal, das durch den Zustrom von Ideen im Zusammenhang mit Perpetuum-Motion-Rädern ersetzt zu werden scheint.

Am interessantesten und am häufigsten zitierten ist das Bronzeplanetarium, das angeblich von Archimedes geschaffen und von Cicero und späteren Autoren auf verlockende fragmentarische Weise beschrieben wurde. Aufgrund seiner prototypischen Bedeutung geben wir die wichtigsten Passagen vollständig wieder. [11]

Ciceros Beschreibungen des Planetariums von Archimedes lauten (kursiv gedruckt):

Gaius Sulpicius Gallus ... zu einer Zeit, als ... er zufällig im Haus von Marcus Marcellus, seinem Kollegen im Konsulat, war [166 v. Chr.], Befahl, den Himmelsglobus herauszuholen, den der Großvater von Marcellus mitgenommen hatte aus Syrakus, als diese sehr reiche und schöne Stadt eingenommen wurde [212 v. Chr.]... . Obwohl ich diesen Globus (Sphaerae) aufgrund des Ruhms von Archimedes ziemlich häufig erwähnt hatte , bewunderte ich ihn nicht besonders, als ich ihn sah; denn dieser andere Himmelsglobus, ebenfalls von Archimedes konstruiert, den derselbe Marcellus im Tempel der Tugend platzierte, ist schöner und unter den Menschen auch bekannter. Aber als Gallus anfing, eine sehr gelehrte Erklärung des Geräts zu geben, kam ich zu dem Schluss, dass der berühmte Sizilianer mit einem größeren Genie ausgestattet war, als man es einem Menschen für möglich gehalten hätte. Denn Gallus erzählte uns, dass die andere Art von Himmelsglobus, die massiv war und keinen Hohlraum enthielt, eine sehr frühe Erfindung war; die erste dieser Art wurde von Thales von Milet konstruiert und später von Eudoxus von Knidos – a Es wurde behauptet, er sei ein Schüler Platons gewesen – mit Sternbildern und Sternen, die am Himmel fixiert seien. Er sagte auch, dass Aratus es viele Jahre später ... in Versen beschrieben hatte ... Aber diese neuere Art von Globus, sagte er, auf dem die Bewegungen der Sonne und des Mondes sowie der fünf Sterne, die Wanderer genannt werden, dargestellt seien , oder, wie wir sagen könnten, Rover [*i. e.*, die fünf Planeten], enthielt mehr, als auf dem massiven Globus dargestellt werden konnte, und die Erfindung von Archimedes verdiente besondere Bewunderung, weil er eine Möglichkeit gefunden hatte, diese verschiedenen und unterschiedlichen Bewegungen mit einer einzigen Vorrichtung zum Drehen des Globus genau darzustellen ihre unterschiedlichen Geschwindigkeitsraten. Und als Gallus den Globus bewegte [*dh* in Bewegung setzte], war es tatsächlich so, dass der Mond auf der *Bronzevorrichtung immer so viele Umdrehungen hinter der Sonne* zurückblieb, wie es der Anzahl der Tage entsprach, die er am Himmel hinter sich hatte. So ereignete sich auf dem Globus die gleiche Sonnenfinsternis, wie sie auch tatsächlich stattfinden würde, und der Mond kam genau zu dem Zeitpunkt an den Punkt, an dem sich der Schatten der Erde befand, als die Sonne aus der Region (erschien?) ... [mehrere] kam Im Manuskript fehlen Seiten; Es gibt nur eins].

De republica , I, xiv (21-22), Keyes' Übersetzung.

Als Archimedes die Bewegungen des Mondes, der Sonne und fünf wandernder [Planeten] in einem Globus zusammenfasste, bewirkte er die gleiche Wirkung wie die, die der Gott Platons im Timaios bewirkte, als er die Welt erschuf, so dass eine einzige Umdrehung Ungleiches hervorbrachte Bewegungen der Verzögerung und Beschleunigung.

Tusculanae disputationes , I, 63.

Spätere Beschreibungen von Ovid, Lactantius , Claudian, Sextus Empiricus bzw. Pappus sind (Kursivschrift):

Dort steht ein Globus, der durch die Geschicklichkeit eines Syrakusaners in einem geschlossenen Bronzerahmen [Rahmen oder Kugel – oder vielleicht in eingeschlossener Luft] aufgehängt ist, ein kleines Abbild des riesigen Gewölbes [des Himmels]; und die Erde ist von oben und unten gleich weit entfernt; das wird durch seine [*i . e.* , die runde Form der äußeren Bronzekugel. Die Form des Tempels [von Vesta] ist ähnlich ...

Ovid, *Fasti* (1. Jahrhundert n. Chr.), VI, 277-280, Frazers Übersetzung.

Messing (Concavo) anzufertigen aere similitudinem mundi ac figuram); darin ordnete er *Sonne* und *Mond so an* und glich den Himmelsumdrehungen (caelestibus similes Conversionibus); und während es sich drehte, zeigte es nicht nur das Auf- und Absteigen der Sonne und das Zu- und Abnehmen des Mondes (Inkrementa) . deminutionesk lunae), aber auch die ungleichen *Bahnen der Sterne* , ob feststehend oder wandernd.

Lactantius , *Institutionen divinae* (4. Jahrhundert n. Chr.), II, 5, 18.

Die Sphäre des Archimedes. Als Jupiter nach unten schaute und sah, wie der Himmel in einer Glaskugel dargestellt war , lachte er und sagte zu den anderen Göttern: „Ist die Kraft der menschlichen Anstrengung so weit gekommen? Ist meine Handarbeit jetzt in einer zerbrechlichen Kugel nachgeahmt?" Ein alter Mann aus Syrakus hatte auf Erden die Gesetze des Himmels, die Ordnung der Natur und die Verordnungen der Götter nachgeahmt. Ein verborgener Einfluss innerhalb der Kugel lenkt die verschiedenen Bahnen der *Sterne* und versetzt die lebensähnliche Masse in bestimmte Bewegungen. Ein falscher *Tierkreis* durchläuft ein ganzes Jahr und ein Spielzeugmond *nimmt* von Monat zu Monat zu und ab. Jetzt freut sich eine kühne Erfindung, ihren eigenen Himmel drehen zu lassen und die *Sterne* [Planeten?] durch menschlichen Geist in Bewegung zu setzen ...

Claudian, *Carmina Minora* (*ca.* 400 n. Chr.), LI (LXVIII), Platnaures Übersetzung.

Die Dinge, die sich von selbst bewegen, sind wunderbarer als diejenigen, die sich nicht bewegen. Wenn wir jedenfalls eine archimedische Kugel betrachten, in der sich die Sonne und der Rest der Sterne bewegen, sind wir davon immens beeindruckt, nicht von Zeus, weil wir über den Wald oder über die Bewegungen *dieser* [Körper] erstaunt sind. sondern durch die Vorrichtungen und Ursachen der Bewegungen.

Sextus Empiricus , *Adversus mathematicos* (3. Jahrhundert n. Chr.), IX, 115, Epps' Übersetzung.

Wassers ein Modell des Himmels (mit den Bahnen der sich im Kreis bewegenden Sterne?) erstellt, und Archimedes, der Syrakusaner, kennt nach Ansicht einiger die Ursache und Gründe für all das.

Pappus (3. Jahrhundert n. Chr.), *Werke* (Hultsch- Ausgabe), VIII, 2, Epps- Übersetzung.

Posidonius hergestellt wurde :

Sphaeram) nach Skythen oder Britannien bringen würde , den unser Freund Posidonius [von Apameia , der stoische Philosoph] kürzlich gemacht hat, in dem jede Umdrehung die gleichen (Bewegungen) der *Sonne* und *des Mondes* und *der fünf* wandernden Sterne erzeugte, wie sie erzeugt werden Tag und Nacht am Himmel, wer würde bezweifeln, dass dies durch die Anstrengung der Vernunft geschah? ... Doch Zweifler ... glauben, dass Archimedes mehr Wissen darin zeigte, Bewegungen durch Umdrehungen eines Globus hervorzurufen, als die Natur darin, sie zu bewirken Die Kopie ist dem Original so unendlich unterlegen....

De natura deorum , II, xxxiv-xxxv (88), Yonges Übersetzung.

Trotz des Mangels an ausreichenden technischen Details weisen diese mechanisierten Globusmodelle, mit oder ohne angetriebene Planetenanzeigen (was sie zu hochkomplexen Maschinen machen würde), eine bemerkenswerte Ähnlichkeit mit dem frühesten chinesischen Gerät auf, das von Chang Hông beschrieben wurde . Man darf die Möglichkeit nicht ausschließen, dass die Übertragung aus Griechenland oder Rom zu Beginn des 2. Jahrhunderts n. Chr., als er arbeitete, den Osten erreicht haben könnte.

Es ist eine interessante Frage, aber selbst wenn ein solcher Kontakt tatsächlich stattfand, trennten sich, wie wir sehen werden, sehr bald danach die westlichen und östlichen Evolutionslinien und entwickelten sich, soweit ersichtlich, völlig unabhängig voneinander, zumindest bis zum 12. Jahrhundert.

Die nächste hellenistische Quelle, die wir zur Kenntnis nehmen müssen, ist ein fragmentarisches und fast unverständliches Kapitel in den Werken des Helden von Alexandria. Allein und unabhängig von seinen anderen Kapiteln beschreibt dies ein Modell, das statisch zu sein scheint, im direkten Gegensatz zu allen anderen Geräten, die sich durch pneumatische und hydrostatische Drücke bewegen; Man kann durchaus vermuten, dass dieses Kapitel in seiner ursprünglichen Form eher einen mechanisierten als einen statischen Globus beschrieb:

Die im Zentrum des Universums dargestellte Welt: Die Konstruktion einer transparenten Kugel, die Luft und Flüssigkeit enthält, sowie einer kleineren Kugel in der Mitte als Nachahmung der Welt. Es werden zwei Halbkugeln aus Glas hergestellt; Einer von ihnen ist mit einer Bronzeplatte bedeckt, in deren Mitte sich ein rundes Loch befindet. Um in dieses Loch zu passen, wird eine leichte, kleine Kugel hergestellt und in das Wasser der anderen Halbkugel geworfen. Anschließend wird die bedeckte Halbkugel darauf gelegt und nachdem eine bestimmte Menge Flüssigkeit aus dem Wasser entfernt wurde, der Zwischenraum wird den Ball enthalten; Somit wird durch die Anwendung der zweiten Hemisphäre erreicht, was vorgeschlagen wurde.

Pneumatik , XLVI, Woodcrofts Übersetzung.

Es ist zu beachten, dass es sich bei diesen frühesten literarischen Erwähnungen um bildliche, dreidimensionale Modelle des Universums handelt, die vielleicht von Hand, vielleicht durch Wasserkraft bewegt werden; Es gibt keine Beweise dafür, dass sie komplizierte Zahnräderzüge enthielten, und da diese nicht vorliegen, können wir zu der Ansicht neigen, dass zumindest in den frühesten derartigen Modellen keine Zahnräder verwendet wurden.

Die nächsten Entwicklungen betrafen einerseits die Steigerung der mathematischen Komplexität des Modells, andererseits seine mechanische Komplexität. In beiden Fällen haben wir das größte Glück, über archäologische Beweise zu verfügen, die alle literarischen Quellen bei weitem übertreffen.

Der mathematische Prozess der Abbildung einer Kugel auf eine ebene Oberfläche durch stereografische Projektion wurde von Hipparchos eingeführt und hatte danach großen Einfluss auf astronomische Techniken und Instrumente. Insbesondere zur Zeit von Ptolemäus (*ca.* 120 n. Chr.) hatte es zu den aufeinanderfolgenden Erfindungen der anaphorischen Uhr und des planisphärischen Astrolabiums geführt. [12] Beide Geräte bestehen aus einem Paar stereografischer Projektionen, eine der Himmelssphäre mit ihren Sternen, der Ekliptik und den Wendekreisen, die andere die Höhen- und Azimutlinien, wie sie für einen Beobachter an einem Ort auf einem bestimmten Breitengrad festgelegt wurden.

Im Astrolabium kann ein durchbrochenes Metallgitter mit Markierungen für die Sterne usw. von Hand über einer Scheibe gedreht werden, auf der die Höhen- und Azimutlinien eingraviert sind. Bei der anaphorischen Uhr wird eine mit den Sternen eingravierte Scheibe automatisch hinter einem festen Gitter aus Drähten gedreht, die Höhen- und Azimutlinien markieren. Die Kraft zum Drehen der Scheibe wird von einem Schwimmer bereitgestellt, der in einem Clepsydra-Gefäß aufsteigt und über ein Seil oder eine Kette, die über eine Rolle zu einem Gegengewicht führt, oder über eine Zahnstange und ein Ritzel mit einer Achse verbunden ist, die die rotierende Scheibe trägt und diese Bewegung an sie weiterleitet Es. [13]

Abbildung 5. TAFEL DER ANAPHORISCHEN UHR VON SALZBURG , eine Rekonstruktion (siehe Fußnote 14) basierend auf einem Foto des verbleibenden Fragments. (*Mit freundlicher Genehmigung von Oxford University Press.*)

Teile von zwei solchen Scheiben von anaphorischen Uhren wurden gefunden, eine in Salzburg [14] und eine in Grand in den Vogesen [15], beide stammen aus dem 2. Jahrhundert n. Chr. Glücklicherweise gibt es genügend Beweise, um die Salzburg-Scheibe zu rekonstruieren und zu zeigen, dass es so gewesen sein muss war ursprünglich ca. 170 cm groß. im Durchmesser, ein schweres Bronzeblech, das mit der geringen Kraft eines Schwimmers gedreht werden kann, und ein großes und beeindruckendes Gerät beim Arbeiten (siehe Abb. 5). Literarische Berichte über die anaphorische Uhr wurden von Drachmann analysiert; Es gibt keine Beweise für die Darstellung von Planeten, die entweder von Hand oder durch ein automatisches Getriebe bewegt wurden, nur im wichtigen Fall der Sonne war ein solches

Merkmal notwendigerweise enthalten. Ein Modell einer „Sonne" auf einem Stift konnte in jedes der 360 Löcher gesteckt werden, die in gleichen Abständen entlang des Ekliptikbandes gebohrt wurden. Dieser Stift konnte jeden Tag bewegt werden, sodass die anaphorische Uhr mit den saisonalen Schwankungen der Zeiten von Sonnenaufgang und Sonnenuntergang sowie der Länge von Tag und Nacht Schritt hielt.

Die anaphorische Uhr ist nicht nur der Ursprung des Astrolabiums und aller späteren Planetenmodelle, sie ist auch das erste Zifferblatt einer Uhr, das einen Standard für die Drehung im Uhrzeigersinn festlegt und ihre Spuren im rotierenden Zifferblatt und dem stationären Zeiger der frühesten Uhr hinterlässt Zeitmessgeräte, bevor man auf ein festes Zifferblatt und einen beweglichen Zeiger umstieg.

Endlich kommen wir zu einem archäologischen Beweisstück, das alles andere übertrifft. Obwohl es schlecht erhalten und wenig erforscht ist, könnte es durchaus das wichtigste klassische Objekt sein, das jemals gefunden wurde; was eine völlige Neubewertung der technischen Fähigkeiten der hellenistischen Griechen mit sich brachte. Im Jahr 1901 wurde vor der Insel Antikythera zwischen Griechenland und Kreta ein versunkenes Schatzschiff entdeckt. [16] Viele wunderschöne klassische Bildhauerwerke wurden daraus geborgen und gehören heute zu den größten Schätzen des Nationalmuseums in Athen, Griechenland. Neben diesen offensichtlich begehrenswerten Kunstrelikten kamen auch einige merkwürdige Metallstücke an die Oberfläche, begleitet von Spuren einer Holzverkleidung. Zweitausend Jahre unter dem Meer hatten das Metall zu einem Durcheinander aus korrodierten Plattenfragmenten, pulverisiertem Grünspan und noch erkennbaren Teilen von Zahnrädern zerfallen.

Wenn es nicht die etablierten Daten für andere Schätze dieses Schiffes gäbe, insbesondere für die gefundenen kleineren Gegenstände, und ohne Spuren von Inschriften auf diesem Metallgerät, die in Buchstaben geschrieben sind, die epigraphisch mit den anderen Gegenständen übereinstimmen, hätte man kaum Zweifel an der Annahme, dass ein solcher kompliziertes Maschinenstück, das frühestens aus dem 18. Jahrhundert stammt. So wie es aussieht, stimmen die Schätzungen über *ca. überein.* Chr. +10 Jahre, und wir können sicher sein, dass die Maschine hellenistischen Ursprungs ist, möglicherweise aus Rhodos oder Kos.

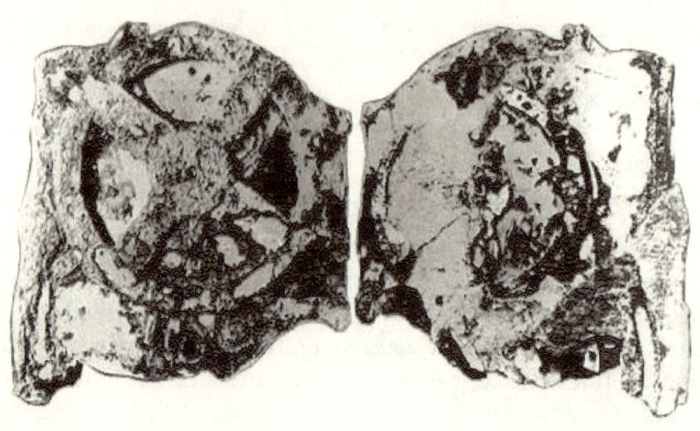

Abbildung 6. – ANTIKYTHERA-MASCHINE, GRÖßTES FRAGMENT. (*Foto mit freundlicher Genehmigung des Nationalmuseums, Athen.*)

Die nur teilweise lesbaren Inschriften lassen vermuten, dass es sich um eine Art astronomisches Rechenwerk handelt. Dies wird durch die mechanische Konstruktion deutlich, die auf den Fragmenten erkennbar ist . Das größte (Abb. 6) enthält eine Vielzahl von Getrieben, darunter ein ringförmiges Zahnradgetriebe mit Umlaufgetriebe auf einem Drehteller, ein Tellerrad und mindestens vier separate Sätze kleinerer Zahnräder sowie ein vierspeichiges Antriebsrad. Eines der kleineren Fragmente (Abb. 7, unten) enthält eine Reihe beweglicher Ringe, die möglicherweise dazu dienten, bewegliche Skalen auf einem der drei Zifferblätter zu tragen. Das dritte Fragment (Abb. 7, oben) weist ein Paar Ringe auf, die sorgfältig eingraviert und in Grad des Tierkreises abgestuft sind (dies ist übrigens die älteste bekannte eingravierte Skala, und mikrometrische Messungen auf Fotografien haben eine maximale Ungenauigkeit von etwa 1/1 gezeigt). 2° in der 45° Gegenwart).

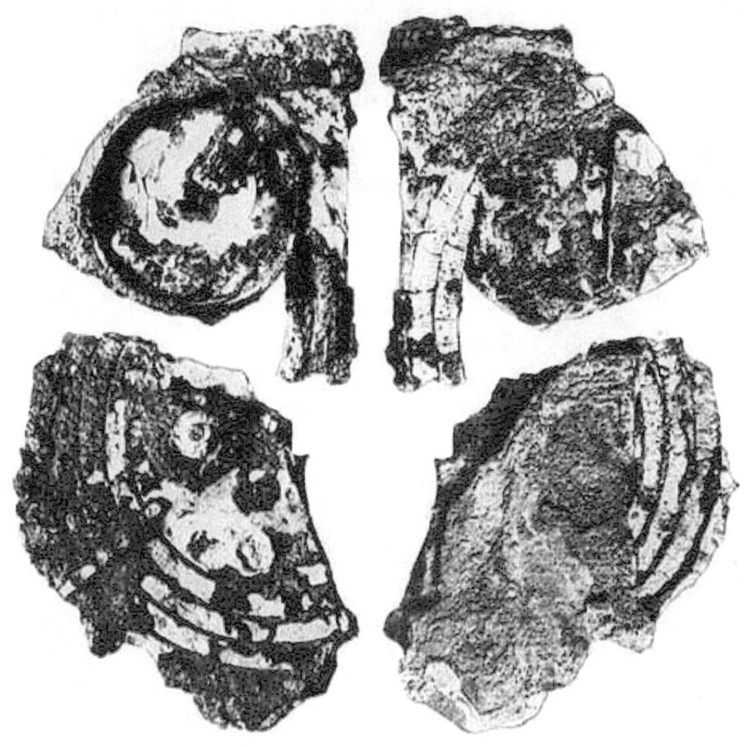

Abbildung 7. – ANTIKYTHERA-MASCHINE, ZWEI KLEINERE FRAGMENTE.
(*Foto mit freundlicher Genehmigung des Nationalmuseums, Athen.*)

Leider geht die sehr schwierige Aufgabe, die Fragmente zu reinigen, langsam vonstatten, und es gibt noch keine Veröffentlichung, die ausreichend Einzelheiten für eine angemessene Erklärung dieses Objekts liefert. Man kann nur sagen, dass, obwohl die Probleme der Restaurierung und der mechanischen Analyse besonders groß sind, es sich hierbei um das wichtigste wissenschaftliche Artefakt handelt, das aus der Antike erhalten geblieben ist.

Einige technische Details können jedoch in Erfahrung gebracht werden. Die Form der Zahnradzähne scheint in allen Fällen fast genau gleichseitige Dreiecke zu sein (Abb. 8), und in der Mitte einiger Räder sind quadratische Schäfte zu erkennen. Kein Rad ist vollständig genug, um die Zähne zu zählen, aber eine vorläufige Rekonstruktion von Theophanidis (Abb. 9) hat gezeigt, dass die Erscheinungen mit der Theorie übereinstimmen, dass der Zweck der Zahnräder darin bestand, die richtigen Winkelverhältnisse für die Bewegung bereitzustellen Sonne und Planeten mit ihren entsprechenden Relativgeschwindigkeiten.

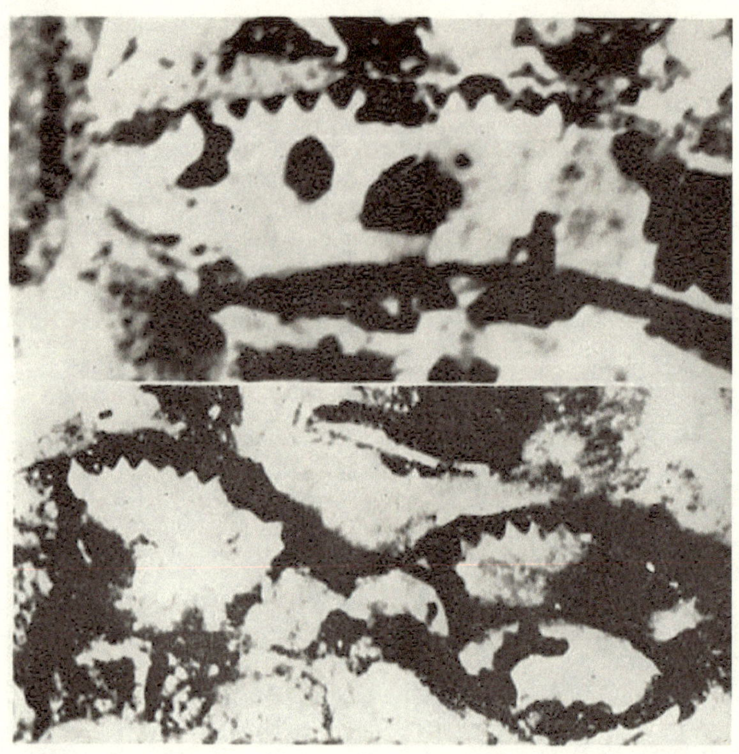

Abbildung 8. – ANTIKYTHERA-MASCHINE, DETAIL AUS ABBILDUNG 6 , zeigt Getriebe. (*Foto mit freundlicher Genehmigung des Nationalmuseums, Athen.*)

Wenn man also die Beweise für die Antikythera-Maschine für bare Münze nehmen will, haben wir es bereits in der klassischen Zeit mit der Verwendung astronomischer Geräte zu tun, die so kompliziert waren wie jede Uhr. Auf jeden Fall reicht das Material, das die Archimedes, Hero und Vitruv zugeschriebenen Werke liefern, und die sichereren Beweise für die anaphorischen Uhren aus, um zu zeigen, dass es eine starke klassische Tradition solcher Maschinen gab, eine Tradition, die inspirierte, wenn auch Es hatte keinen direkten Einfluss auf spätere Entwicklungen im Islam und in Europa einerseits und möglicherweise auch in China andererseits.

Anmerkung im Beweis hinzugefügt :

Seitdem die obigen Zeilen geschrieben wurden, hatte ich das Privileg, eine umfassende Untersuchung der Fragmente im Nationalmuseum in Athen durchzuführen. Dadurch können wir viel mehr Inschriften lesen und viel mehr Details des Mechanismus erkennen. Die Reinigung und Entwirrung der Fragmente durch das Museumspersonal ist so weit fortgeschritten, dass man viel sicherer behaupten kann, dass es sich bei dem Gerät um einen astronomischen Computer für Stern-, Sonnen-, Mond- und möglicherweise auch Planetenphänomene handelte. (Siehe meinen Artikel im *Scientific American* , Juni 1959, Bd. 200, Nr. 6, S. 60-67.) Für die vorliegende Studie relevant, muss an dieser Stelle auch angemerkt werden, dass sich die Maschine nun als stark erweist mit dem Getriebeastrolab von al- Biruni in Verbindung gebracht und dadurch die hellenistischen, islamischen und europäischen Entwicklungen noch enger miteinander verknüpft.

Wenden wir uns nun den Zivilisationen zu, die geographisch und kulturell als Mittler zwischen Griechenland und dem mittelalterlichen Europa sowie zwischen beiden und China fungierten. Aus Indien gibt es nur zwei Referenzen, die sehr eng miteinander verbunden sind und in den bekanntesten astronomischen Texten im Zusammenhang mit Beschreibungen der Armillarsphäre und des Himmelsglobus auftauchen. Diese Texte sind beide ziemlich verstümmelt, aber soweit man sie verstehen kann, scheinen die erwähnten Arten von Kugeln und Globen eher denen zu ähneln, die in China verbreitet sind als im Westen. Die relevanten Textteile lauten wie folgt (kursiv gedruckt):

Der Horizontkreis liegt in der Mitte der Kugel. Mit einer Hülle bedeckt und unbedeckt ist es die Kugel, die von Lokāloka umgeben ist [dem Gebirgszug, der in der puranischen Geographie die Grenze des Universums bildete]. Durch die Anwendung von Wasser wird der Lauf der Zeit ermittelt. Man kann ein Kugelinstrument in Kombination mit Quecksilber konstruieren: Das ist ein Rätsel; Wenn es klar beschrieben würde, wäre es in der Welt allgemein verständlich. Deshalb soll die höchste Sphäre gemäß den Anweisungen des Lehrers [Guru] aufgebaut werden. In jedem weiteren Zeitalter wird diese Konstruktion, nachdem sie verloren gegangen ist, durch die Gunst der Sonne dem einen oder anderen nach Belieben wieder offenbart . Ebenso sollte man Instrumente konstruieren, um die Zeit zu bestimmen. Wenn man ganz alleine ist, sollte man Quecksilber auf das Wunder wirkende Instrument auftragen. Durch den Gnomon, den Stab, den Bogen, das Rad, Instrumente zum Aufnehmen des Schattens verschiedener Art ... Durch Wasserinstrumente, das Gefäß, durch den Pfau, den Menschen, den Affen und durch aufgereihte Sandgefäße kann man die Zeit genau bestimmen. Dabei werden Quecksilberlöcher, Wasser und Schnüre sowie Öl

und Wasser, Quecksilber und Sand verwendet: Auch diese Anwendungen
sind schwierig.

Surya Siddhānta , xiii, 15-22,
Übersetzung von E. Burgess, New Haven, 1860.

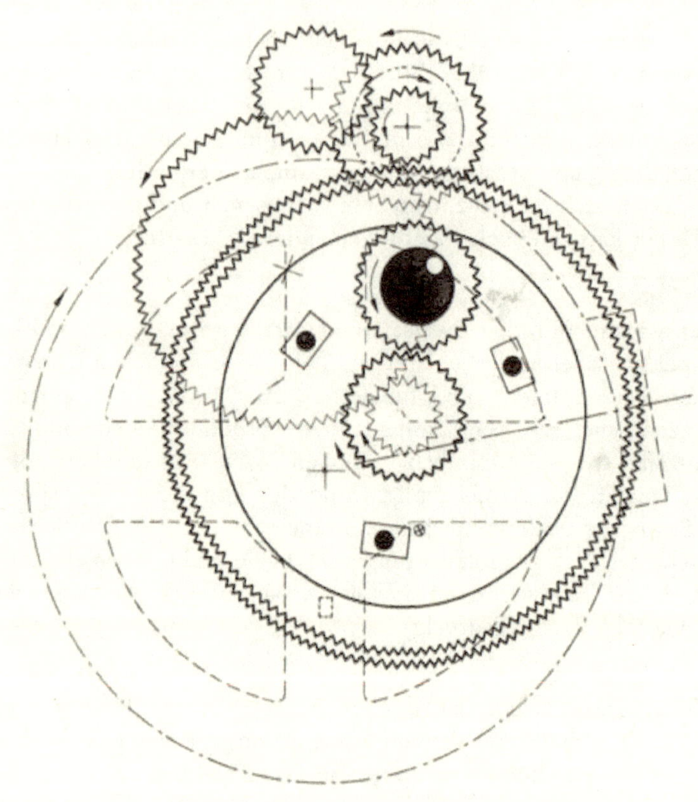

Abbildung 9. – Antikythera-Maschine, teilweise Rekonstruktion
von Theophanidis (siehe Fußnote 16).

Ein sich selbst drehendes Instrument [oder Swayanvaha Yantra]: Machen Sie
ein Rad aus leichtem Holz und setzen Sie in seinen Umfang hohle Speichen
ein, die alle Bohrungen mit dem gleichen Durchmesser haben, und lassen Sie
sie in gleichen Abständen voneinander platzieren; und lasst sie auch in einem
Winkel stehen, der etwas von der Senkrechten abweicht. Dann füllt ihr diese
hohlen Speichen zur Hälfte mit Quecksilber; Das so gefüllte Rad dreht sich
von selbst, wenn es auf eine von zwei Pfosten getragene Achse gestellt wird.

Oder schaufeln Sie einen Kanal in den Reifen des Rades und verputzen Sie dann die Blätter des T à la -Baums mit Wachs über diesem Kanal. Füllen Sie eine Hälfte dieses Kanals mit Wasser und die andere Hälfte mit Quecksilber, bis das Wasser herauskommt. und dann die Öffnung verschließen, die zum Befüllen des Rades offen gelassen wurde. Das Rad dreht sich dann um sich selbst und wird vom Wasser angezogen.

Beschreibung eines Siphons: Stellen Sie ein Rohr aus Kupfer oder einem anderen Metall her, biegen Sie es in die Form eines Ankus'a oder Elefantenhakens, füllen Sie es mit Wasser und verschließen Sie beide Enden. Und dann stecken Sie ein Ende in ein Wasserreservoir und lassen das andere Ende draußen hängen. Entkorken Sie nun beide Enden. Das Wasser des Stausees wird vollständig aufgesaugt und fällt nach draußen.

Befestigen Sie nun am Rand des zuvor beschriebenen sich selbst drehenden Rades eine Reihe von Wassertöpfen und platzieren Sie das Rad und diese Töpfe wie das Wasserrad, so dass das Wasser, das vom unteren Ende des Rohrs auf einer Seite in sie fließt, fest wird das Rad in Bewegung, angetrieben durch das zusätzliche Gewicht der so gefüllten Töpfe. Das aus den Töpfen austretende Wasser, wenn es den Boden des Drehrads erreicht, sollte über einen Wasserlauf oder ein Rohr in den Behälter abgeleitet werden, bevor es abgeführt wird.

Die sich selbst drehende Maschine [von *Lalla* usw. erwähnt], die ein Rohr hat, dessen unteres Ende offen ist, ist aufgrund ihrer Abhängigkeit eine vulgäre Maschine, denn das, was eine geniale und keine rustikale Erfindung offenbart, wird als Maschine bezeichnet .

Und außerdem gibt es viele selbstdrehende Maschinen, deren Bewegung jedoch durch einen Trick herbeigeführt wird. Sie stehen in keinem Zusammenhang mit dem zur Diskussion stehenden Thema. Ich habe mich dazu veranlasst gefühlt, deren Bau zu erwähnen, nur weil sie von früheren Astronomen erwähnt wurden.

Siddhānta Siroma ṇ i , xi, 50-57, L. Wilkinsons Übersetzung,
überarbeitet von B à pu ˙ deva S(h) à stri , Kalkutta, 1861.

Bevor mit der Untersuchung des Inhalts dieser Texte fortgefahren wird, ist es von großer Bedeutung, Daten für sie festzulegen, obwohl es viele Schwierigkeiten gibt, eine Chronologie für die hinduistische Astronomie zu erstellen. Die *Sūrya Siddhānta* ist in seiner ursprünglichen Form aus dem frühen Mittelalter, *ca.* 500. Der fragliche Abschnitt ist jedoch ganz offensichtlich eine Interpolation aus einer späteren Rezension, höchstwahrscheinlich derjenigen, die den vollständigen Text in seiner jetzigen Form festlegte; es wurde unterschiedlich auf *ca. datiert.* 1000 bis *ca.*

1150 n. Chr. Das Datum des *Siddhānta Siroma ṇ i* ist sicherer, da wir wissen, dass es um 1150 von Bhāskara (geb. 1114) geschrieben wurde. Somit müssen diese beiden Passagen innerhalb eines Jahrhunderts nach der Errichtung des großen Glockenturms von Su Sung geschrieben worden sein. Die technischen Details lassen vermuten, dass es mehr als nur einen zeitlichen Zusammenhang gibt.

Wir haben bereits festgestellt, dass die unmittelbar vor diesen Auszügen beschriebenen Armillarsphären und Himmelsgloben in ihrer Gestaltung eher der chinesischen als der ptolemäischen Praxis ähneln. Die Erwähnung von Quecksilber und Sand als Alternativen zu Wasser für die Flüssigkeit der Uhr ist ein weiteres Merkmal, das im Chinesischen weit verbreitet ist, in den griechischen Texten jedoch fehlt. Beide Texte scheinen sich der Komplexität dieser Mittel bewusst zu sein, und es gibt einen Hinweis (der verloren geht und enthüllt wird), dass die Geschichte aus einem anderen Zeitalter oder einer anderen Kultur nur halb verstanden überliefert wurde. Es sollte auch beachtet werden, dass die Erwähnung von Schnüren und Schnüren anstelle von Zahnrädern und die Verwendung von Kugeln anstelle von Planisphären darauf hindeuten, dass es sich um Geräte handelt, die den frühesten griechischen Modellen ähneln, und nicht um die späteren Geräte oder um die chinesische Praxis.

Eine ganz neue und wichtige Note wird durch die Passage aus dem Bhāskara-Text eingebracht. Offensichtlich aufdringlich in diesem astronomischen Text finden wir die Beschreibung von zwei „Perpetuum-Motion-Rädern" zusammen mit einem dritten, vom Autor gegeißelten, das seine Ewigkeit fördert, indem es Wasser aus einem Reservoir mittels eines Siphons fließen lässt und in Töpfe rund um den Umfang tropft des Rades. Diese scheinen auch im Auszug aus dem *Sūrya die Grundlage zu sein Siddhānta* , das „Wunder bewirkende Instrument", auf das Quecksilber angewendet werden muss.

In den nächsten Abschnitten werden wir zeigen, dass diese Idee eines Perpetuum Mobile in Verbindung mit astronomischen Modellen im Islam und kurz darauf im mittelalterlichen Europa erneut aufkommt. Bei jedem Vorkommen, wie hier, gibt es Anklänge an andere Kulturen. Zusätzlich zu den bereits erwähnten finden wir die ansonsten mysteriösen „Pfau, Mensch und Affe", die als Teile des Mechanismus astronomischer Uhren des Islam angeführt werden und mit dem Gewichtsantrieb in Verbindung gebracht werden, der für die spätere Uhrmacherei in Europa so wichtig ist.

Protouhren gab ; Die eine kann als „nichtmathematisch" bezeichnet werden und dient nur dazu, eine visuelle Hilfe bei der Vorstellung des Kosmos zu geben, die andere kann als „mathematisch" bezeichnet werden, bei der stereografische Projektionen oder Getriebe eingesetzt wurden, um das Gerät eher quantitativ als quantitativ zu gestalten qualitative Darstellung. Diese beiden Linien kommen im islamischen Kulturbereich wieder vor.

Nichtmathematische Protouhren , die kaum von den klassischen Formen entfernt sind, tauchen während der byzantinischen Ära und im Islam kontinuierlich auf, sobald er sich von den ersten Erschütterungen seiner Entstehung erholt hat. Procopius (gestorben *ca.* 535) beschreibt eine monumentale Wasseruhr, die *ca. in Gaza errichtet wurde.* 500. [17] Es enthielt beeindruckende Kunstwerke , wie zum Beispiel einen Medusenkopf, der zu jeder vollen Stunde die Augen verdrehte, die Zeit durch beleuchtete Öffnungen anzeigte und mythologische Interpretationen des Kosmos zeigte. Alle diese Effekte wurden durch Heronic- Techniken erzeugt, bei denen hydraulische Kraft und Marionetten zum Einsatz kamen, die durch Schnüre statt durch Getriebe bewegt wurden.

Auch im Jahr 807 schickte Harun-al-Rashid eine ähnlich wunderbare Ausstellungsuhr aus Bronze an Kaiser Karl den Großen; es scheint vom gleichen Typ gewesen zu sein, mit Automaten und hydraulischen Werken. In den folgenden Jahrhunderten befand sich der Islam im goldenen Zeitalter der Entwicklung der technischen Astronomie (*ca.* 950–1150), und die Aufmerksamkeit konzentrierte sich möglicherweise auf die eher mathematischen Protouhren . Gegen Ende des 12. Jahrhunderts kam es jedoch zu einer Wiederbelebung der alten Tradition, vor allem am Hofe des Kaisers Saladin (1146–1173), als in Damaskus eine große automatische Wasseruhr errichtet wurde, prächtiger als alle anderen bis dahin. Es wurde nach 1168 von Mu ḥ ammad b. wieder aufgebaut. ' Ali b. Rustum und wurde von seinem Sohn Fakhr ad- dīn repariert und verbessert Riḍ wān b . Mu ḥ ammad, [18,] der vor allem als Autor eines Buches bekannt ist, das die Konstruktion dieser und anderer Protokolluhren in beträchtlichen technischen Details beschreibt . In engem Zusammenhang mit seinem Buch finden sich auch Texte, die sich mit Perpetuum-Motion-Geräten befassen, auf die wir später noch eingehen werden.

Im Laufe des Jahrhunderts nach diesem uhrmacherischen Überschwang in Damaskus verlagerte sich der Schwerpunkt der islamischen Astronomie vom Osten in den hispano-maurischen Westen. Gleichzeitig gibt es weitere Beweise dafür, dass die Reihe der mathematischen Protouhren nicht unbeachtet gelassen wurde. Dies wird durch eine Beschreibung von Trithemius über ein weiteres königliches Geschenk von Ost nach West nahegelegt, das sich offenbar von den Automaten und hydraulischen Geräten der Tradition von Procopius bis Riḍ wān unterschieden hat: [19]

Im selben Jahr [1232] schickte der Saladin von Ägypten von seinen Gesandten dem Kaiser Friedrich eine wertvolle Maschine von wunderbarer

Konstruktion im Wert von mehr als fünftausend Dukaten als Geschenk. Denn es schien im Inneren einem Himmelsglobus zu ähneln, in dem sich mit größter Geschicklichkeit geformte Figuren der Sonne, des Mondes und anderer Planeten bewegten, angetrieben von Gewichten und Rädern, so dass sie in bestimmten und festgelegten Abständen ihren Lauf angaben und die Stunde anzeigten Tag und Nacht mit unfehlbarer Gewissheit; Auch die zwölf Tierkreiszeichen mit bestimmten entsprechenden Charakteren, die sich mit dem Firmament bewegten, enthielten in sich den Lauf der Planeten.

Der Ausdruck „innerlich ähnlich" ist in dieser Passage von besonderem Interesse; es könnte sich möglicherweise um eine Fehlübersetzung des Fachbegriffs für stereografische Projektion der Kugel handeln, und wenn ja, könnte es sich bei dem Gerät um eine anaphorische Uhr oder ein anderes astrolabisches Gerät gehandelt haben.

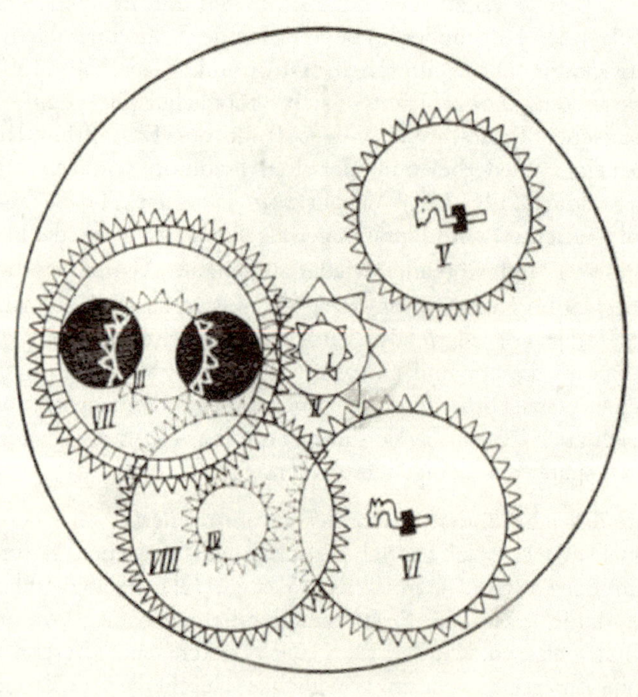

Abbildung 10. – KALENDERGETRIEBE, ENTWORFEN VON AL- BIRUNI , *ca.* 1000 n. Chr. Die Anzahl der Räderwerke beträgt 40-10+7-59+19-59+24-48. Das Zahnrad von 48 macht also 19 (jährliche) Umdrehungen, während das von 19-59 118 Doppellunationen von 29+30=59 Tagen zeigt. Das Zahnrad

40 vollführt eine (Mond-)Umdrehung in genau 28 Tagen, und die Mittelräder 7+10 drehen sich in genau einer Woche. Nach Wiedemann (siehe Fußnote 20).

Dies wird durch die Existenz einer spezifisch islamischen Konzentration auf das Astrolabium und sein planetarisches Begleitinstrument, das Äquatorium , als Geräte zur Mechanisierung von Berechnungen unter Verwendung geometrischer Analogien wahrscheinlicher. Das gewöhnliche planisphärische Astrolabium war im Islam natürlich von seinen Anfängen bis fast in die Gegenwart bekannt. Seit der Zeit von al- Biruni (*ca.* 1000) – was vielleicht bezeichnend ist, ist er für seinen Reisebericht über Indien bekannt – gibt es bemerkenswerte Neuerungen.

Am überzeugendsten für unseren Zweck ist ein Text, der erstmals von Wiedemann20 beschrieben wurde und in dem al- Biruni erklärt, wie ein spezielles Zahnradgetriebe verwendet werden kann, um die Umdrehungen von Sonne und Mond in ihren relativen Geschwindigkeiten anzuzeigen und zu demonstrieren sich ändernde Mondphase, Merkmale von grundlegender Bedeutung im islamischen (Mond-)Kalendersystem. Dieses Gerät verwendet zwangsläufig Zahnräder mit einer ungeraden Zähnezahl (z. B. 7, 19, 59), je nach den beteiligten astronomischen Konstanten (siehe Abb. 10). Die Zähne sind wie gleichseitige Dreiecke geformt und es werden quadratische Schäfte verwendet, genau wie bei der Antikythera-Maschine. Zur Befestigung werden Pferdekeile verwendet; Eine Tradition, die von den pferdeförmigen *Farās übernommen wurde* , die zur Befestigung des traditionellen Astrolabiums verwendet wurden. Von besonderem Interesse für uns ist das Mondphasendiagramm, das in Form und Struktur genau der Mondvolvelle entspricht, die später in der Uhrmacherkunst auftauchte und auch heute noch so häufig vorkommt, insbesondere als Dekoration für das Zifferblatt von Standuhren.

Abbildung 11. – GEARED ASTROLABE VON MUḤAMMAD B. ABĪ BAKR VON ISFAHAN , 1221-1222 n. Chr. (*Foto mit freundlicher Genehmigung des Science Museum, London.*)

Birunis Kalendermaschine ist das früheste komplizierte Zahnradgerät überhaupt, und es ist daher umso bedeutsamer, dass sie über ein Merkmal verfügt, das in späteren Uhren zu finden ist. Anhand der Manuskriptbeschreibung allein ließ sich nicht erkennen, ob sie für eine automatische Mechanik oder lediglich für das Drehen per Hand konzipiert war. Glücklicherweise wird dieser Punkt durch das glückliche Überleben eines intakten Exemplars dieses Geräts verdeutlicht, zweifellos der ältesten existierenden Zahnradmaschine in vollständigem Zustand.

Abbildung 12. – GETRIEBE VOM ASTROLABIUM, DARGESTELLT IN ABBILDUNG 11. Die Anzahl der Getriebezüge ist wie folgt: 48-13+8-64+64-64+10-60. Das Ritzel von 8 wurde fälschlicherweise durch ein moderneres Ritzel von 10 ersetzt. Das Zahnrad von 48 sollte 13 (Mond-)Umdrehungen machen, während das Doppelzahnrad von 64+64 6 Umdrehungen von Doppelmonaten (von 29-30 Tagen) macht Ein Gang von 60 macht im Hegiraljahr von 354 Tagen eine einzige Umdrehung . (*Foto mit freundlicher Genehmigung des Science Museum, London.*)

Dieses Wahrzeichen der Wissenschafts- und Technologiegeschichte wird heute im Museum of the History of Science in Oxford, England, aufbewahrt. [21] Es handelt sich um ein Astrolabium, datiert auf 1221-22 und signiert vom Hersteller Mu ḥ ammad b. Abī Bakr (gestorben 1231-32) aus Isfahan, Persien (siehe Abb. 11 und 12). Die sehr große Ähnlichkeit mit dem Design von Biruni ist ziemlich offensichtlich, obwohl das Getriebe sehr geschickt vereinfacht wurde, sodass nur ein Rad eine ungerade Anzahl von Zähnen (13) hat, während der Rest geometrisch viel einfacher zu markieren ist (z. B. *10* , 48, 60 und 64 Zähne). Die Mondphasenvolvelle ist durch die kreisförmige Öffnung auf der Rückseite des Astrolabiums zu sehen. Es ist ziemlich sicher, dass keine automatische Aktion beabsichtigt ist; Wenn der zentrale Drehpunkt von Hand gedreht wird, wahrscheinlich unter Verwendung des Astrolabium-Rete als „Griff", werden die Kalenderkreise und die Mondphase entsprechend verschoben. Die Verwendung einer Umdrehung pro Tag wäre für eine sinnvolle Neueinstellung des Instruments zu langsam, in der Praxis entspricht eine Umdrehung eher einem Intervall von einer Woche.

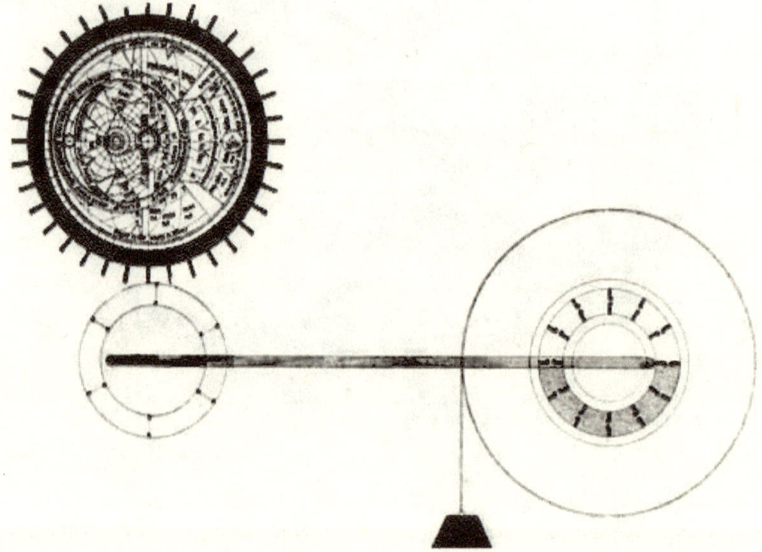

Abbildung 13. – ASTROLABIUM-UHR, REGULIERT DURCH EINE MERKURTROMMEL, aus dem Alfonsine *Libros del saber* (siehe Fußnote 22).

Zusätzlich zu dieser gezielten Weiterentwicklung des Astrolabiums brachte der Islam im gleichen Zeitraum ein neues Gerät hervor, das Äquatorium, ein mechanisches Modell, das die geometrischen Konstruktionen simulieren sollte, die in der ptolemäischen Astronomie zur Bestimmung der Planetenpositionen verwendet wurden. Die Methode mag bereits in der Antike entstanden sein, ein einfaches Gerät, das von Proclus Diadochus (*ca.* 450) beschrieben wurde, aber das erste allgemeine, wenn auch grobe, planetarische Äquatorium scheint von Abulcacim beschrieben worden zu sein Abnacahm (*ca.* 1025) in Granada; es ist uns im archaischen Kastilisch der Alfonsine *Libros del saber* überliefert. [22] Die Abschnitte dieses Buches, die sich mit den *Laminas de las VII Planetas befassen*, beschreiben nicht nur dieses Instrument, sondern auch die verbesserte Modifikation, die von Azarchiel (geboren *ca.* 1029, gestorben *ca.* 1087) eingeführt wurde.

Es sind keine islamischen Exemplare des Äquatoriums erhalten, aber seit dieser Zeit scheint es eine lange und aktive Tradition gegeben zu haben, und schließlich wurden sie zusammen mit dem Rest des alfonsinischen Korpus in den Westen überliefert. Wichtiger für unsere Argumentation ist, dass sie die Grundlage für die mechanisierten astronomischen Modelle von Richard von Wallingford (*ca.* 1320) und wahrscheinlich auch andere, und für die bereits erwähnte große astronomische Uhr von de Dondi . Tatsächlich bilden das komplizierte Getriebe und die Zifferblätter von de Dondis Uhr eine Reihe von Äquatorialen , die auf die gleiche Weise mechanisiert sind wie das von Biruni beschriebene Kalendergerät .

Es ist offensichtlich, dass wir uns nun dem Anfang der wahren mechanischen Uhr nähern, und unser letzter Schritt, ebenfalls aus dem alfonsinischen Korpus des westlichen Islam, stellt uns eine wichtige Verbindung zwischen der anaphorischen Uhr, dem Gewichtsantrieb und einem anderen dar merkwürdiges Perpetuum-Motion-Gerät, das Quecksilberrad, das als Hemmung oder Regulator verwendet wird. Das Alfonsinische Buch über Uhren enthält Beschreibungen von insgesamt fünf Geräten, von denen vier auf Isaak b. zurückzuführen sind. Sid (zwei Sonnenuhren, eine automatische Wasseruhr und die heutige Quecksilberuhr) und eine für Samuel ha-Levi Adulafia (eine Kerzenuhr) – sie wurden wahrscheinlich kurz vor *ca.* 1276-77.

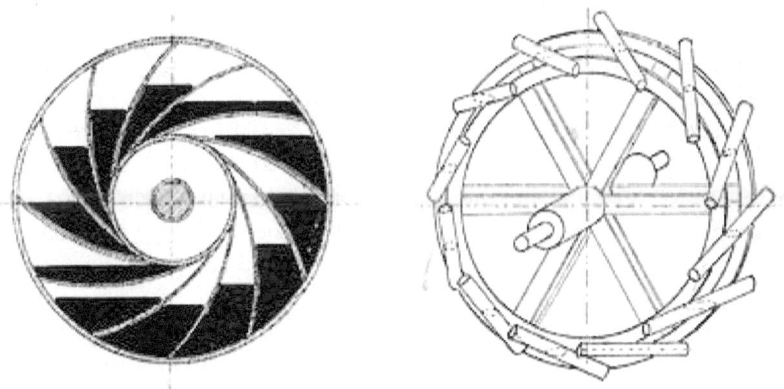

Abbildung 14. – ISLAMISCHES Abbildung 15. – EIN WEITERES PERPETUUM MOBILE WHEEL , nach PERPETUUM MOBILE WHEEL , nach dem von Schmeller zitierten dem in Abbildung 14 zitierten Text. Manuskript (siehe Fußnote 26).

Die Quecksilberuhr von Isaac b. Sid besteht aus einem Astrolabium-Zifferblatt, das wie bei der anaphorischen Uhr gedreht wird und mit 30 blattförmigen Zähnen ausgestattet ist (siehe Abb. 13). Diese werden von einem Ritzel aus sechs Blättern angetrieben, das auf einer horizontalen Achse montiert ist (in der Abbildung sehr schematisch dargestellt). Am anderen Ende dieser Achse befindet sich ein Rad, auf dem die spezielle Quecksilbertrommel montiert ist, die von einem Normalgewichtsantrieb angetrieben wird.

Das neuartigste Merkmal dieses Geräts ist die Quecksilbertrommel. Die Flüssigkeit, die in 12 Kammern eingeschlossen ist und nur 6 davon ausfüllt, muss langsam durch kleine Löcher in den Begrenzungswänden filtern. In der Praxis sind die oberen Quecksilberflächen natürlich nicht eben, sondern rechts höher, um das Moment des auf das angetriebene Seil ausgeübten Gewichts dynamisch auszugleichen. Diese merkwürdige Anordnung weist gewisse Ähnlichkeiten mit den indischen „Quecksilberlöchern" auf, mit den Perpetuum Mobile-Geräten, die in der mittelalterlichen europäischen Tradition und auch in den mit Ri ḍ wān verbundenen Texten zu finden sind, die wir als Nächstes **untersuchen** werden .

Für unser Thema ist es von größtem Interesse, dass die islamischen Beiträge zur Uhrmacherkunst und zum Perpetuum Mobile ein engmaschiges Korpus zu bilden scheinen. Eine der wichtigsten Serien uhrmacherischer Texte, darunter die von Ri ḍwān und al- Jazarī , wurde von Wiedemann und Hauser herausgegeben . [23] Andere islamische Texte enthalten Versionen der Wasseruhren und Automaten von Archimedes sowie von Hero und Philo von Alexandria. [24] In mindestens drei Fällen [25] werden diese Texte auch im Zusammenhang mit Texten gefunden, die Perpetuum-Motion-Räder und andere hydraulische Geräte beschreiben. Drei Manuskripte dieser Art sind in deutscher Übersetzung bei Schmeller erschienen. [26] Zu den Geräten gehören ein Rad mit vielen Kammern (siehe Abb. 14), ähnlich der „Hemmung" aus alfonsinischem Quecksilber, ein Rad aus schrägen Rohren, das wie die Noria konstruiert ist (siehe Abb. 15), Räder mit Gewichten, die an Armen schwingen, wie von Villard of beschrieben Honnecourt und ein bemerkenswertes Gerät, das das früheste bekannte Beispiel eines Gewichtsantriebs zu sein scheint. Bei dieser letztgenannten Maschine handelt es sich um eine Pumpe, bei der eine Eimerkette dazu verwendet wird, Wasser anzuheben, indem sie über eine Riemenscheibe läuft, die mit einer Trommel verbunden ist, die von einem fallenden Gewicht angetrieben wird (siehe Abb. 16) ; vielleicht ist die gesamte Anordnung aus Ausgleichsgründen in zweifacher Ausfertigung mit gemeinsamen Achsen für die entsprechenden Teile ausgeführt.

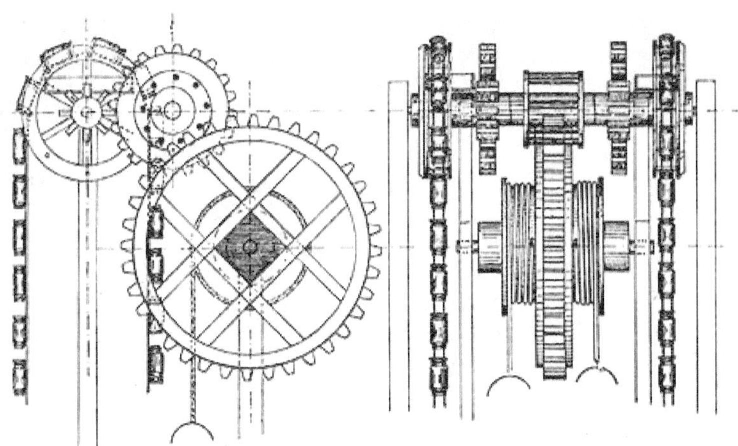

Abbildung 16. – ISLAMISCHE PUMPE MIT KRAFTANTRIEB , nach dem in Abbildung 14 zitierten Text.

In der islamischen Tradition der Wasseruhren wurden keine Zahnräder verwendet, obwohl gelegentlich ein Paar verwendet wird, um den Antrieb um einen Winkel zu drehen, wenn dies durch die Verwendung eines Wasserrads in den Automaten vorgeschrieben ist. Im Wesentlichen wird alles durch Schwimmer und Schnüre oder durch hydraulische oder pneumatische Kräfte betrieben, wie bei Heros- Geräten. Die Automaten sind sehr kunstvoll gestaltet, mit Figuren von Männern, Affen, Pfauen usw., die den Lauf der Stunden symbolisieren.

MITTELALTERLICHES EUROPA

Im mittelalterlichen Europa finden sich Echos fast aller bereits beobachteten Entwicklungen aus anderen Teilen der Welt, die oft über Kommunikationskanäle erfolgen, die genauer bestimmbar sind als die bisher erwähnten. Vor dem Zustrom islamischer Gelehrsamkeit zur Zeit der Übermittlung der Toledo-Tafeln (12. Jahrhundert) und der Alfonsinischen Tafeln (die um *1292 nach Paris gelangten*) gibt es gelegentlich Hinweise auf die primitivsten mechanisierten „Sehhilfen" in der Astronomie.

Das berühmteste davon findet sich in einem historischen Bericht von Richer von Reims über seinen Lehrer Gerbert (geb. 946, später Papst Sylvester II., 990-1003). Mehrere von Gerbert hergestellte Instrumente werden ausführlich beschrieben; Dazu gehört ein schöner Himmelsglobus aus Holz, der mit Pferdeleder überzogen ist und dessen Sterne und Linien farbig bemalt sind, sowie eine Armillarsphäre mit Visierröhren, die denen ähneln, die man immer bei chinesischen Instrumenten, aber nie bei der ptolemäischen Variante findet. Abschließend führt er „die Konstruktion einer Kugel an, die am besten zur Erkennung der Planeten geeignet ist", doch leider geht aus der Beschreibung nicht hervor, ob die Modellplaneten tatsächlich mechanisch animiert werden sollten oder nicht. Der Text lautet: [27]

wunderbarem Einfallsreichtum die Kreise der wandernden Sterne (die Planeten), deren Umlaufbahnen, Höhen und sogar der Abstand voneinander er seinen Schülern auf eindrucksvolle Weise demonstrierte. Auf die Art und Weise, wie er dies erreicht hat, kann hier wegen des Umfangs nicht näher eingegangen werden, sonst könnte es so aussehen, als würden wir von unserem Hauptthema abschweifen.

Obwohl es also einen Hinweis auf mechanische Komplexität gibt, gibt es eigentlich keine Rechtfertigung für eine solche Annahme; Die Beschreibung könnte durchaus nur ein Tierkreisband implizieren, auf dem die Umlaufbahnen der Planeten gemalt waren. Andererseits ist es nicht unvorstellbar, dass Gerbert während seiner Studienzeit beim Bischof von Barcelona etwas über islamische und andere außereuropäische Traditionen gelernt haben könnte – ein Reisestipendium, das offenbar viele Auswirkungen auf den gesamten Bereich der europäischen Wissenschaft hatte .

Nachdem die Schleusentore des Arabischlernens geöffnet waren, strömte ein Strom mechanisierter astronomischer Modelle nach Europa. Astrolabien und Äquatoria erfreuten sich rasch großer Beliebtheit, vor allem aus dem Grund, aus dem sie ursprünglich entwickelt wurden: der Vermeidung langwieriger schriftlicher Berechnungen. Viele mittelalterliche Astrolabien sind erhalten geblieben, und es sind mindestens drei mittelalterliche Äquatoria bekannt. Chaucer ist bekannt für seine Abhandlung über das Astrolabium; Ein Manuskript in Cambridge, das eine begleitende Abhandlung über das Äquatorium enthält , wurde vom Autor vorläufig als ebenfalls das Werk Chaucers und das einzige von ihm selbst verfasste Stück vermutet.

Das Getriebeastrolab von al- Biruni ist eine weitere Art von Protouhr , die überliefert wurde. Ein leider unvollständiges Exemplar im Science Museum in London [28] weist eine sehr raffinierte Anordnung von Zahnrädern zur Bewegung von Zeigern auf, um die korrekten relativen Positionen und Bewegungen von Sonne und Mond anzuzeigen (siehe Abb. 17 und 18). Wie das frühere muslimische Beispiel enthält es Räder mit ungeraden Zähnezahlen (14, 27, 39); Allerdings haben die Zähne keine gleichseitige Form mehr, sondern ähneln einer moderneren, leicht abgerundeten Form. Dieses Beispiel ist französisch und scheint aus dem Jahr *ca. zu stammen.* 1300. Ein weiteres gotisches Astrolabium mit einem ähnlichen Zahnkranz auf dem Rete, angeblich aus der Zeit um *1300*. 1400 (es könnte durchaus viel früher sein) befindet sich jetzt in der Billmeier- Sammlung (London). [29]

Wenn wir uns vom mechanisierten Astrolabium zum mechanisierten Äquatorium wenden , finden wir das Werk von Richard von Wallingford (1292? -1336) von größtem Interesse, da es einen unmittelbaren Vorläufer des Werks von de Dondi darstellt . Er war der Sohn eines genialen Schmieds und besuchte das Merton College in Oxford, die damals aktivste und originellste Schule für Astronomie in Europa, wo er später als Abt von St. Albans ausgezeichnet wurde. In einem Text von ihm aus den Jahren 1326– 27 wurde der Bau eines großen Äquatoriums ausführlicher beschrieben , genauer und weitaus aufwändiger als alles zuvor. [30] Dennoch handelt es sich offensichtlich um ein normales Handgerät wie alle anderen auch. Zusätzlich zu diesem Instrument soll Richard *ca. gebaut haben.* 1320, eine schöne Planetenuhr für seine Abtei. [31] Bale, der es gesehen zu haben scheint, betrachtete es als konkurrenzlos in Europa und als die größte Kuriosität seiner Zeit. Leider wurde das Problem von Leland verwechselt, der es als „Albion" identifizierte (*d. h.* „all-by-one"), den Namen, den Richard seinem manuellen Äquatorium gibt . Diese Uhr war tatsächlich so komplex, dass Edward III. den Abt dafür tadelte, dass er so viel Geld dafür ausgegeben hatte, aber Richard antwortete, dass nach seinem Tod niemand mehr in der Lage sein würde, so etwas herzustellen. Er soll einen Text hinterlassen haben, der den Bau dieser Uhr beschreibt, aber das Fehlen eines solchen Werkes hat viele moderne Schriftsteller dazu veranlasst, Lelands Identifizierung zu unterstützen und anzunehmen, dass es sich bei dem Gerät nicht um eine mechanische Uhr handelte.

Abbildung 17. – FRANZÖSISCHES ASTROLABIUM MIT DREIFLÜGELIGEM GOTISCHEM DESIGN , *ca.* 1300 n. Chr. Das Zahnrad auf dem Zeiger ist von der Mitte aus gesehen: (32)/14-45+27-39, das letzte kämmt mit einem konkaven Ringzahnrad mit 180 Zähnen um den Rand des Rete des Astrolabiums. Ein zweiter Zeiger, der darauf ausgerichtet ist, dem Mond zu folgen, scheint zu fehlen. (*Foto mit freundlicher Genehmigung des Science Museum. London.*)

Abbildung 18. – ZAHNRADGETRIEBE DES ZEIGERS in Abbildung 17. (*Foto mit freundlicher Genehmigung des Science Museum, London.*)

Ein Korrektiv für diese Ansicht ist ein Manuskript von St. Albans (heute im Gonville and Caius College, Cambridge), das die Methoden zur Darstellung von Zahnrädern für ein astronomisches Uhrwerk beschreibt, das die Bewegungen der Planeten anzeigen soll. Obwohl die Manuskriptkopie *ca. datiert sein soll.* 1340 weist es eindeutig darauf hin, dass in St. Albans schon früh eine Planetengetriebevorrichtung bekannt war, und man kann durchaus annehmen, dass es sich dabei tatsächlich um die von Richard of Wallingford hergestellte Maschine handelte. Leider scheint der Text keine relevanten Informationen über das Vorhandensein einer Hemmung oder eines anderen Regulierungsgeräts zu geben, noch wird die Energiequelle erwähnt. [32] Nun scheint eine Getriebeversion des Albion tatsächlich sehr genau dem Zifferblattwerk zu entsprechen, das den größten Teil der de Dondi -Uhr ausmacht, und aus diesem Grund schlagen wir nun vor, dass die beiden Uhren auch auf andere Weise sehr eng miteinander verbunden waren . Obwohl dies Indizien sind, ist dies ein Beweis dafür, dass der Gewichtsantrieb und irgendeine Form der Hemmung bereits Richard von Wallingford, *ca. 1900* , bekannt waren. 1320. Es würde die Lücke zwischen der Uhr und den Protouhren auf weniger als ein halbes Jahrhundert, vielleicht eine einzige Generation, im Zeitraum *ca. 1320 verkleinern.* 1285-1320. In diesem Zusammenhang könnte es von Interesse sein, dass Richard von Wallingford nur den Korpus der Toledo-Tische kannte, derjenige der Alfonsiner-Schule gelangte erst nach seinem Tod nach England.

Natürlich gibt es in der mittelalterlichen Literatur viele literarische Hinweise auf die Wasseruhren. Tatsächlich stammen die meisten davon aus Zitaten, die in der Geschichte der mechanischen Uhr oft fälschlicherweise zitiert wurden und dadurch viele irreführende Ausgangspunkte für diese Geschichte lieferten, wie bereits in der Diskussion über das Horologium erwähnt. Es liegen jedoch genügend Erwähnungen vor, die belegen, dass ab dem Ende des 12. Jahrhunderts Wasseruhren in irgendeiner Form insbesondere für kirchliche Zwecke verwendet wurden. So berichtet Jocelin von Brakelond von einem Brand in der Abteikirche von Bury St. Edmunds im Jahr 1198. [33] Die Reliquien wären in der Nacht zerstört worden, aber genau im entscheidenden Moment läutete die Glocke für die Matinen und der Meister Die Sakristei schlug Alarm. Daraufhin „rannten die jungen Männer unter uns, um Wasser zu holen, einige zum Brunnen und andere zur Uhr" – wahrscheinlich die einzige Gelegenheit, bei der eine Uhr als Hydrant diente.

Es ist wahrscheinlich, dass es sich bei einigen dieser Wasseruhren um einfache Tropf-Clepsydras handelte, vielleicht mit einer auffälligen Anordnung. Eine äußerst glückliche Entdeckung von Drover hat nun eine handschriftliche Beleuchtung ans Licht gebracht, die zeigt, dass diese Wasseruhren zumindest um *1285* komplexer geworden waren und in ihrem Aussehen der alfonsinischen Quecksilbertrommel ziemlich ähnlich waren. [34] Die Illustration (Abb. <u>19</u>) stammt aus einer moralisierten Bibel, die in Nordfrankreich geschrieben wurde, und begleitet die Passage, in der König Hiskia vom Herrn ein Zeichen erhält und die Sonne um zehn Schritte der Uhr zurückgestellt wird. Das Bild zeigt deutlich das zentrale Wasserrad und darunter den Auslauf eines Hundekopfes, der Wasser in einen von Ketten getragenen Eimer sprudelt, hinter dem eine (Gewichts-?) Schnur verläuft. Über dem Rad befindet sich ein Glockenspiel und an einer Seite eine Rosette, die eine Fliege oder eine Modellsonne darstellen könnte. Das Rad scheint 15 Fächer zu haben, jedes mit einem zentralen Loch (vielleicht ähnlich dem in der Alfonsine-Uhr), und es wird von einer Halterung auf einer quadratischen Achse getragen, wobei die Achse auf traditionelle Weise verkeilt ist. Bei den Vorsprüngen am Rand des Rades handelt es sich möglicherweise um Zahnradzähne, wahrscheinlicher ist jedoch, dass sie nur zum Auslösen des Schlagmechanismus dienen. Ohne den fließenden Wasserauslauf käme es dem Alfonsine-Modell sehr nahe; aber mit diesen Beweisen scheint es unmöglich, zu einer klaren mechanischen Interpretation zu gelangen.

Aus der angrenzenden Region gibt es einen weiteren Bericht über eine auffällige Wasseruhr, deren Beweis Inschriften auf Schiefertafeln sind, die in der Abtei Villers in der Nähe von Brüssel entdeckt wurden; [35] Diese könnten genau auf 1267 oder 1268 datiert werden und stellen die Überreste eines Memorandums für den Sakrist und seine Assistenten dar, die für die Uhr verantwortlich sind.

Stellen Sie immer die Uhr ein, wie lange Sie auch auf [den Buchstaben „A"]
warten mögen. Danach müssen Sie Wasser aus dem kleinen Topf (pottulo
), der dort steht, in den Behälter (cacabum) gießen, bis der vorgeschriebene
Füllstand erreicht ist, und Sie müssen es tun Machen Sie dasselbe, wenn Sie
[die Uhr] nach der Komplet stellen, damit Sie tief und fest schlafen können.

Einen ganz anderen Beweis liefern die Schriften des Robertus Anglicus im
Jahr 1271, wo man den Eindruck hat, dass gerade zu dieser Zeit ein aktives
Interesse an dem Versuch bestand, eine gewichtsgetriebene anaphorische
Uhr zu bauen und ihre Bewegung durch eine ungenannte Methode so zu
regulieren, dass sie mit der Tagesrotation des Himmels Schritt hält : [36]

Auch ist es keiner Uhr möglich, dem Urteil der Astronomie mit völliger
Genauigkeit zu folgen. Dennoch versuchen Uhrmacher (Artifices
Horologiorum), ein Rad (Circulum) herzustellen, das für jeden
Äquinoktialkreis eine vollständige Umdrehung macht , aber sie können ihre
Arbeit nicht ganz perfektionieren. Aber wenn sie könnten, wäre es eine
wirklich genaue Uhr (horologium verax) . valde) und mehr wert als ein
Astrolabium oder ein anderes astronomisches Instrument zur
Stundenrechnung, wenn man wüsste, wie man dies nach der oben genannten
Methode macht. Die Methode zur Herstellung einer solchen Uhr würde
darin bestehen, dass ein Mann eine Scheibe (Circulum) mit gleichmäßigem
Gewicht in allen Teilen herstellt , soweit dies möglich ist. Dann sollte ein
Bleigewicht an der Achse dieses Rades aufgehängt werden (axi ipsius rote)
und dieses Gewicht würde das Rad so bewegen, dass es von Sonnenaufgang
zu Sonnenaufgang eine Umdrehung vollzieht, abzüglich der Zeit, die nach
einer annähernd korrekten Schätzung etwa ein Grad ansteigt. Denn von
Sonnenaufgang zu Sonnenaufgang steigt die gesamte Äquinoktiallinie und
etwa ein Grad mehr, um welchen Grad sich die Sonne im Laufe eines
natürlichen Tages entgegen der Bewegung des Firmaments bewegt. Darüber
hinaus könnte dies genauer erfolgen, wenn ein Astrolabium mit einem
Netzwerk konstruiert würde, auf dem der gesamte Äquinoktialkreis
aufgeteilt wäre.

Abbildung 19. – Manuskript-Illumination einer mittelalterlichen Wasseruhr , die ein geteiltes Rad, einen Gewichtsantrieb und ein Glockenspiel zum Schlagen zeigt. Von Drover (siehe Fußnote 34).

Der Text fährt dann mit technischen astronomischen Einzelheiten des geringfügigen Unterschieds zwischen der Rotationsgeschwindigkeit der Sonne und der Fixsterne (aufgrund der jährlichen Rotation der Sonne zwischen den Sternen) fort, gibt jedoch keinen Hinweis auf ein Regulierungsgerät. Auch hier ist zu beachten, dass diese Quelle aus Frankreich stammt; Obwohl Robertus englischer Herkunft war, war er damals offenbar Dozent an der Universität Paris oder Montpellier. Das Datum dieser Passage, 1271, wurde als *terminus post quem* für die Erfindung der mechanischen Uhr angesehen. Im nächsten Abschnitt werden wir den Text von Peter Peregrinus beschreiben, der diesem in Ort und Datum sehr nahe kommt und eine solche Maschine beschreibt, indem wir ihn mit Berichten über eine Armillarsphäre, ein Perpetuum mobile und den magnetischen Kompass vermischen – und so all dies zusammenbringen Fäden zum ersten Mal in Europa zusammen.

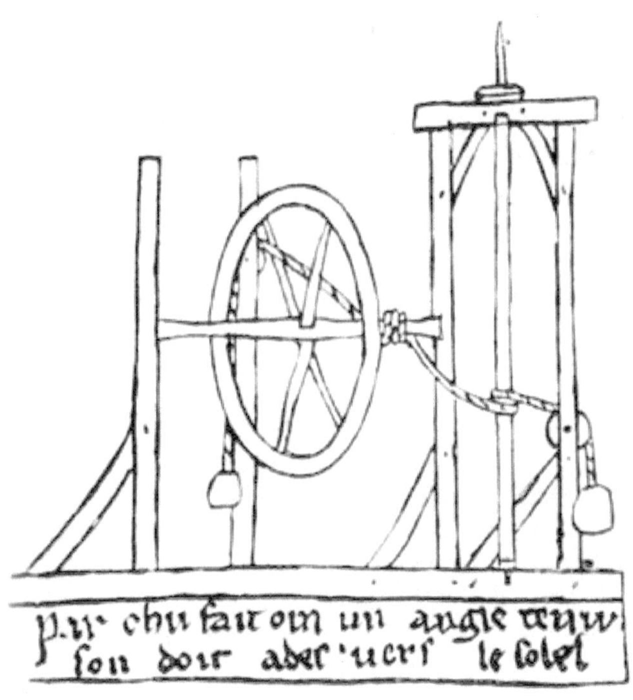

Abbildung 20. – ANORDNUNG ZUM DREHEN EINER ENGELSFIGUR. Es wurde behauptet, dass diese Zeichnung von Villard eine Hemmung darstellt. Nach Lassus (siehe Fußnote 37).

Wir haben uns für den letzten Beweisabschnitt, der möglicherweise irreführend ist oder auch nicht, auf das berühmte Notizbuch von Villard (Wilars) aus Honnecourt in der Nähe von Cambrai beschränkt. Das Album, das der Zeit zwischen 1240 und 1251 zugeschrieben wird, enthält viele Zeichnungen mit kurzen Anmerkungen, von denen drei für unsere Untersuchungen von besonderem Interesse sind. [37] Diese bestehen aus einem turmartigen Bauwerk mit der Aufschrift „ cest li masons don orologe " (das ist das Haus einer Uhr), einem Gerät mit Seil, Rad und Achse (Abb. 20) und der Aufschrift „par chu fait om un angle tenir son doit. Ades vers le solel " (auf diese Weise wird ein Engel dazu gebracht, seinen Finger auf die Sonne zu richten) und ein Perpetuum mobile, das wir für spätere Diskussionen reservieren werden.

Laut Drover weist der Glockenturm keinen Platz für ein Zifferblatt auf, deutet jedoch aufgrund seiner offenen Struktur auf die Verwendung von

Glocken hin, die geeignet sind, den Klang nach außen zu lassen. Darüber hinaus schlägt er vor, dass die Feinheit der Linie darauf hindeutet, dass es sich nicht wirklich um einen Kirchturm in voller Größe handelte, sondern eher um ein kleines turmartiges Bauwerk, das nur wenige Fuß hoch innerhalb der Kirche stand. Über die Uhr, die dort untergebracht werden sollte, gibt es leider nichts zu sagen; höchstwahrscheinlich handelte es sich um eine Wasseruhr ähnlich der in der illustrierten Bibel von *ca.* 1285.

Die Zeichnung des Seils, des Rads und der Achsen, mit denen ein Engel so gedreht wird, dass er zur Sonne zeigt, kann eine einfache oder eine kompliziertere Erklärung haben. Wenn man es auf den Punkt bringt, fungiert das Rad auf seiner horizontalen Achse als Ankerwinde, die durch das Gegengewichtsseil mit der vertikalen Welle verbunden ist, die es dreht, und bewegt dadurch (von Hand) die Figur eines Engels (nicht gezeigt), der an der Spitze dieser Welle befestigt ist letztere Welle. Eine solche Erklärung wurde tatsächlich von M. Quicherat[38] vorgeschlagen, der erstmals auf das Villard-Album aufmerksam machte und darauf hinwies, dass in Chartres vor dem dortigen Brand im Jahr 1836 ein bleierner Engel existierte. Diese Ansicht wird auch durch eine andere Zeichnung im Album gestützt Darin wird ein Adler beschrieben, dessen Kopf sich dem Diakon zuwendet, wenn dieser das Evangelium liest. Durch leichten Druck auf den Schwanz des Vogels wird ein ähnlicher Seilmechanismus aktiviert.

Eine ganz andere Interpretation wurde von Frémont vorgeschlagen; [39] Er glaubt, dass das Rad als Schwungrad fungiert haben könnte und dass die Seile und Gegengewichte, die sich zuerst in die eine und dann in die andere Richtung drehten, als eine Art mechanische Hemmung fungierten. Eine solche Anordnung ist jedoch mechanisch unmöglich ohne eine komplizierte Freilaufvorrichtung zwischen Antrieb und Hemmung, und ihre einzige Wirkung bestünde darin, den Engel schnell zu schwingen, anstatt ihn gleichmäßig zu drehen. Ich glaube, dass Frémont, der zu sehr darauf bedacht war, ein Proto-Escapement zu liefern, den Tatsachen zu viel Gewalt angetan und sich ohne triftigen Grund von der einfacheren und vernünftigeren Erklärung abgewendet hat. Es ist dennoch möglich, diese einfache Interpretation zu übernehmen und das System dennoch als Teil einer Uhr zu betrachten. Wenn man das linke Gegengewicht, das praktischerweise höher angehoben ist als das rechte, als Schwimmer betrachtet, der in ein Clepsydra-Glas passt, und nicht als einfaches Gewicht, hätte man ein sehr geeignetes automatisches System zum Drehen des Engels. Nach dieser Erklärung bestünde der Zweck des Rades lediglich darin, die manuelle Einstellung vorzunehmen, die erforderlich ist, um den Engel von Zeit zu Zeit einzustellen, und so unheilbare Ungenauigkeiten der Clepsydra auszugleichen.

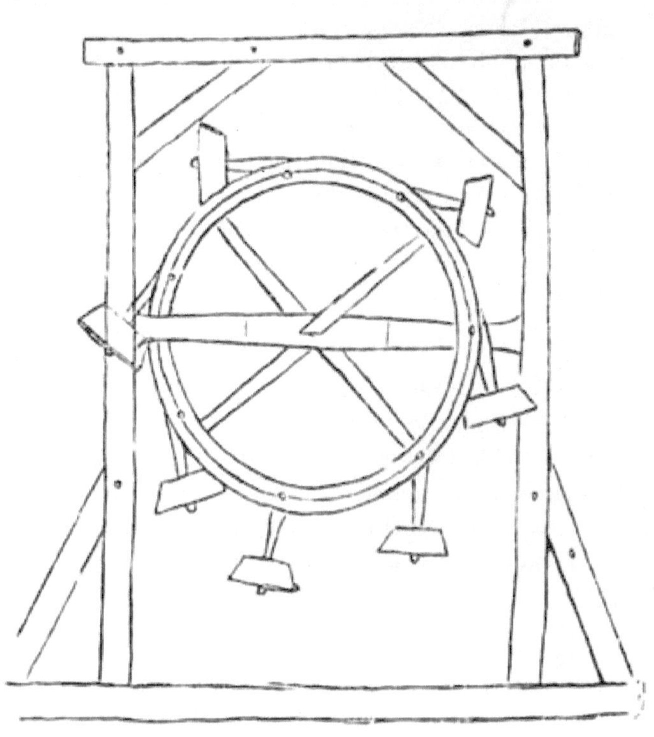

Abbildung 21. – VILLARDS PERPETUUM MOBILE WHEEL von Lassus (siehe Fußnote 37).

Nachdem wir die Villard-Zeichnungen besprochen haben, die bereits in der Uhrenliteratur zitiert werden, müssen wir die Aufmerksamkeit auf die Tatsache lenken, dass dieser mittelalterliche Architekt auch eine Illustration eines Perpetuum-Motion-Rads liefert. In diesem Fall (Abb. 21) handelt es sich um einen Typ mit Gewichten am Ende der Schwingarme, ein Typus, der später in Europa sehr häufig vorkommt und auch in den islamischen Texten vorkommt. Wir können in diesem Fall nicht annehmen, dass Zeichnungen von Uhren und Perpetuum-Motion-Geräten mehr als zufällig zusammen vorkommen, denn Villard scheint sich für die meisten Arten mechanischer Geräte interessiert zu haben. Aber selbst diese Art von Zufall wird etwas verblüffend, wenn man sie oft genug wiederholt. Es scheint, dass jede frühe Erwähnung von „selbstbewegenden Rädern" im Zusammenhang mit einer Art Uhr oder einem mechanisierten astronomischen Gerät erfolgt.

Nachdem wir nun eine Übersicht über die Traditionen astronomischer Modelle abgeschlossen haben, haben wir gesehen, dass sich viele Gerätetypen, die später in mechanischen Uhren zu finden waren, über verschiedene Kulturen hinweg entwickelten und nach Europa gelangten, wo sie in der zweiten Hälfte des 19. Jahrhunderts in einem Ausbruch vielfältiger Aktivitäten zusammenkamen 13. Jahrhundert, insbesondere in der Region Frankreich. Wir müssen nun versuchen, die verbleibende Lücke zu schließen und dabei die Bedeutung mechanischer und magnetischer Perpetuum-Motion-Geräte für den entscheidenden Übergang von der Protouhr zur Uhr mit mechanischer Hemmung untersuchen.

Perpetuum Mobile und die Uhr vor de Dondi

Wir haben bereits mehr oder weniger kurz auf mehrere Fälle hingewiesen, in denen Räder „sich von selbst bewegen" oder eine Flüssigkeit für andere Zwecke als als Antriebskraft verwendet wurde. Chronologisch geordnet sind dies die indischen Geräte von *ca.* 1150 oder etwas früher, wie die von Riḍwān *ca.* 1200, das der Alfonsinischen Quecksilberuhr, *ca.* 1272 und die französische Buchmalerei von *ca.* 1285. Dies deutet stark auf eine stetige Übertragung von Ost nach West hin, und auf dieser Grundlage schlagen wir nun vorläufig einen zusätzlichen Schritt vor, eine Übertragung von China nach Indien und vielleicht weiter westlich, *ca.* 1100 und möglicherweise durch weitere Übertragungen zu späteren Zeitpunkten verstärkt.

Man muss nur annehmen, dass es vage Reiseerzählungen über die Existenz chinesischer Uhren aus dem 11. Jahrhundert mit ihren astronomischen Modellen und Hebewerken sowie ihrem großen Rad gibt, die sich offenbar von selbst bewegten, aber Wasser nutzten, das weder einen äußeren Ein- noch Auslass hatte. Ein solcher Anreiz könnte, wie er später wirkte, als Galilei von der Erfindung des Teleskops in den Niederlanden erfuhr, leicht zur Neuerfindung genau solcher Perpetuum-Motion-Räder führen, wie wir bereits erwähnt haben. In vielerlei Hinsicht ist es, sobald die Idee vorgeschlagen wurde, selbstverständlich, eine solche ewige Bewegung mit der unaufhörlichen täglichen Rotation des Himmels in Verbindung zu bringen. Ohne einen solchen Anreiz ist es jedoch schwer zu erklären, warum diese Assoziation nicht schon früher auftrat und warum es, sobald sie einmal auftritt, eine solche chronologische Prozession von Kultur zu Kultur zu geben scheint.

Wir wenden uns nun dem zweifellos merkwürdigsten Teil dieser Geschichte zu, in dem sich automatisch bewegende astronomische Modelle und Perpetuum Mobile-Räder mit den frühesten Texten über Magnetismus und den Magnetkompass verknüpft werden, ein weiteres Thema mit einem besonders problematischen historischen Ursprung. Der Schlüsseltext dabei ist der berühmte *Brief über den Magneten* , geschrieben von Peter Peregrinus, einem Picard, in einem Armeelager während der Belagerung von Lucera und datiert auf den 8. August 1269. [40] Trotz der genauen Datierung ist es sicher, dass das Werk wurde schon lange vorher gemacht, denn es wird von Roger Bacon unmissverständlich an mindestens drei Stellen zitiert, von denen eine vor ca. 300 v. Chr. geschrieben worden sein muss . 1250. [41]

Der *Brief* besteht aus zwei Teilen; Im ersten Teil gibt es einen allgemeinen Bericht über den Magnetismus und die Eigenschaften des Magnetsteins und schließt mit einer Diskussion „der Frage, woher der Magnet die natürliche Kraft erhält, die er besitzt". Petrus führte diese Tugend auf eine Sympathie mit dem Himmel zurück und schlug vor, seinen Standpunkt durch den Bau einer „Terrella" zu beweisen, einer gleichmäßigen Kugel aus Laststeinen, die sorgfältig ausbalanciert und nach Art einer Armillarsphäre mit ausgerichteter Achse montiert werden muss entlang der Polarachse der Tagesrotation. Dann fährt er fort:

Wenn sich nun der Stein entsprechend der Bewegung des Himmels bewegt, freuen Sie sich, dass Sie zu einem geheimen Wunder gelangt sind. Aber wenn nicht, dann lassen Sie es eher auf Ihre eigenen mangelnden Fähigkeiten als auf einen Mangel der Natur zurückführen. Aber in dieser Position oder Art der Platzierung halte ich die Vorzüge dieses Steins für angemessen erhalten, und ich glaube, dass seine Vorzüge in anderen Positionen oder Teilen des Himmels eher abgeschwächt als erhalten bleiben. Durch dieses Instrument werden Sie auf jeden Fall von jeder Art von Uhr (Horologium) befreit, denn dadurch werden Sie in der Lage sein, den Aszendenten zu jeder gewünschten Stunde und alle anderen Anordnungen des Himmels, nach denen Astrologen suchen, zu erkennen.

Es ist zu beachten, dass das Gerät wie ein astronomisches Instrument montiert und wie ein solches verwendet werden soll und nicht als Zeitmesser oder als einfache Demonstration des Magnetismus. Im zweiten Teil des *Briefes* wendet sich Petrus praktischen Instrumenten zu und beschreibt zum ersten Mal die Konstruktion eines Magnetkompasses, der aus einem Laststein oder einer Eisennadel besteht, die in einem Gehäuse mit einer Gradskala schwenkbar ist. Das dritte Kapitel dieses Abschnitts, das den *Brief* *abschließt* , fährt dann mit der Beschreibung eines Perpetuum-Motion-Rades fort, „das mit wunderbarem Einfallsreichtum ausgearbeitet wurde , bei der Verfolgung dieser Erfindung habe ich viele Menschen umherwandern sehen, die von mancherlei Mühe ermüdet waren. Denn sie." haben nicht bemerkt, dass sie dies mithilfe der Tugend oder Kraft dieses Steins meistern könnten.

Dies zeigt uns übrigens, dass das Perpetuum Mobile zu dieser Zeit ein Thema von großem Interesse war. [42] Seltsamerweise entwickelt Peter seine Idee der Terrella jetzt nicht weiter, sondern geht zu etwas ganz Neuem über, einem Gerät (siehe Abb. 22), bei dem ein stabmagnetischer Laststein am Ende eines schwenkbaren Radialarms angebracht werden soll ein Kreis, der innen mit eisernen „Zahnrädern" versehen ist, wobei die Zähne nicht dazu dienen, in andere einzugreifen, sondern den Magneten von einem zum nächsten zu ziehen; eine kleine Perle dient als Gegengewicht, um zu helfen, dass die Trägheit der Rotation den Magneten von einem zum nächsten trägt Anziehungspunkt zum nächsten. Es ist keineswegs die Art von Vorrichtung, die man natürlich entwickeln würde, um den Magnetismus dauerhaft wirken zu lassen, und ich vermute, dass das Zahnrad ein weiteres Beispiel für eine vage Vorstellung von Protouhren ist , vielleicht die von Su Sung, die von der Welt übertragen werden Ost.

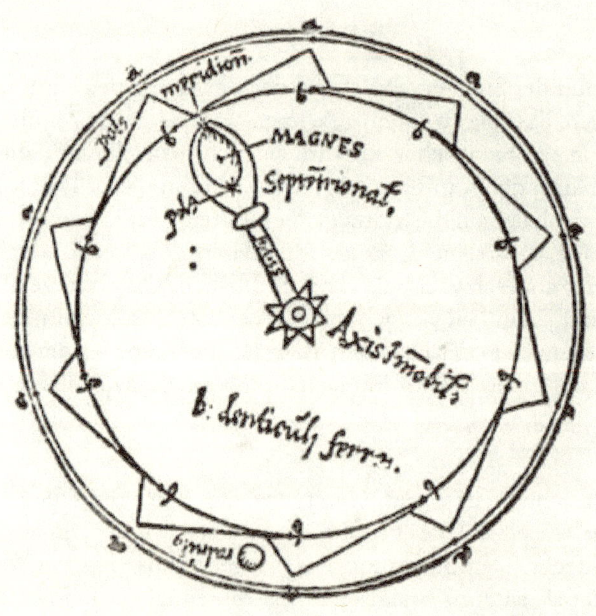

Abbildung 22. – MAGNETISCHES PERPETUUM MOBILE WHEEL, illustriert von Peter Peregrinus; aus der Ausgabe von SP Thompson (siehe Fußnote 40).

Das Werk von Peter Peregrinus wird von Roger Bacon in seinem *De Secretis* sowie im *Opus majus* und *Opus minus zitiert* . In der ersten und frühesten davon findet sich eine von Ptolemäus übernommene Beschreibung des Aufbaus der (observierenden) Armillarsphäre. Er sagt, dass dies mit keinem mathematischen Hilfsmittel in eine natürliche Bewegung gebracht werden kann, sondern „ein treuer und großartiger Experimentator sich bemüht, eines aus solchem Material und mit einem solchen Hilfsmittel herzustellen, dass es sich auf natürliche Weise mit der täglichen Himmelsrotation dreht." Er fährt mit der Aussage fort, dass diese Möglichkeit auch durch die Tatsache nahegelegt wird, dass die Bewegungen von Kometen, Gezeiten und bestimmten Planeten auch denen der Sonne und des Himmels folgen. Erst im *Opus minus* , wo er noch einmal auf dieses Gerät hinweist, verrät er schließlich, dass es mittels des Ladesteins zum Laufen gebracht werden soll.

Bacons Hinweis auf Peregrinus erinnert in seiner Form stark an die Aussage von Robertus Anglicus wurde bereits als Hinweis auf die Beschäftigung mit sich täglich drehenden Rädern erwähnt, und zwar zu einem Zeitpunkt (1271), der dem des *Briefes* (1269) bemerkenswert nahe kam – so sehr, dass man durchaus annehmen konnte, dass der Freund, an den Petrus schrieb, einer von beiden war Robert selbst oder jemand, der mit ihm in Verbindung steht, vielleicht an der Universität von Paris – ein natürlicher Ort, an dem der umherziehende Peter seine Erkenntnisse mitteilen könnte.

Die grundlegende Frage hierbei ist natürlich, ob die Idee eines automatischen astronomischen Geräts aus arabischen, indischen oder chinesischen Quellen stammt oder ob sie in diesem Fall ganz unabhängig als natürliche Begleiterscheinung der Identifizierung der Pole des Magneten mit dem entstanden ist Pole des Himmels. Wir werden nun versuchen zu zeigen, dass die Geschichte des Magnetkompasses ein völlig unabhängiges Argument für die Hypothese einer „Reiz"-Übertragung liefern könnte .

Der magnetische Kompass als Mitreisender aus China

Die schwer fassbare Geschichte des Magnetkompasses hat viele Gemeinsamkeiten mit der der mechanischen Uhr. So wie wir über astronomische Modelle aus frühester Zeit verfügen, so finden wir auch Kenntnisse über den Laststein und einige seiner Eigenschaften. Dann, parallel zur Entwicklung von Protouhren in China im Laufe des Mittelalters , haben wir die von Needham analysierten Beweise, die die Verwendung des Magneten als Wahrsagungsgerät und des (nicht magnetischen) nach Süden weisenden Streitwagens zeigen, mit dem verwechselt wurde die Geschichte. Seltsamerweise und vielleicht bezeichnenderweise erreicht die chinesische Geschichte zur gleichen Zeit einen Höhepunkt bei Kompassen und Uhren, und ein Hauptautor für den chinesischen Kompass ist Shen Kua (1030-1093), der auch im Zusammenhang mit der Uhr von Su Sung auftaucht. und der über die mechanisierten Armillarsphären und andere Modelle schrieb . 1086.

Eine weitere Ähnlichkeit besteht im Zusammenhang mit der Geschichte des Kompasses im mittelalterlichen Europa. Die bereits besprochene Abhandlung von Peter Peregrinus liefert den ersten vollständigen Bericht über den Magnetkompass mit drehbarer Nadel und kreisförmiger Skala, der, wie wir gesehen haben, möglicherweise mit Protouhren und Perpetuum-Motion-Geräten in Zusammenhang steht. Es gibt jedoch mehrere frühere Hinweise auf die Verwendung der richtungweisenden Eigenschaften von Ladesteinen, hauptsächlich für die Verwendung in der Navigation, aber diese frühesten Texte weisen eine lange Geschichte falscher Interpretationen auf, die erst kürzlich beseitigt wurde. Wir wissen jetzt, dass sich die berühmten Passagen in *De naturis rerum* und *De utensilibus* von Alexander Neckham [43] (*ca.* 1187) und einem Text von Hugues de Berze [44] (nach *ca.* 1204) auf nichts anderes als einen schwebenden Magneten ohne Drehpunkt oder Skala beziehen, aber mit einem Zeiger im rechten Winkel zum Magneten, sodass dieser nach Osten und nicht nach Norden oder Süden zeigte. Eine ähnliche Methode wird (*ca.* 1200) in einem Gedicht von Guyot de Provins und in einer Geschichte Jerusalems von Jacques de Vitry (1215) beschrieben. [45] Es ist von größtem Interesse, dass sich alle Beweise erneut auf Frankreich konzentrieren (Neckham lehrte in Paris), allerdings zu einem früheren Zeitpunkt als dem der Protouhren.

Das Datum könnte auf die Zeit der ersten großen Welle der Übermittlung von Erkenntnissen aus dem Islam hindeuten, aber es ist klar, dass der Islam in diesem aus diesem Grund besonderen Fall erst vom Magnetkompass erfuhr, nachdem er im Westen bereits bekannt war. In den frühesten persischen Aufzeichnungen finden sich einige von al-'Awfī zusammengestellte Anekdoten *ca.* 1230, [46] Das Instrument, das der Kapitän während eines Sturms auf See benutzte, hat die Form eines hohlen Eisenstücks in Fischform, das nach der Magnetisierung durch Reiben mit einem Ladestein auf dem Wasser schwimmend gemacht wurde; Die fischartige Form ist sehr bedeutsam, da dies eindeutig chinesischer Brauch ist. In einer zweiten muslimischen Erwähnung, der von Bailak al- Qabājaqī (*ca.* 1282), wird der gewöhnliche Nasskompass „al- konbas " genannt, ein weiterer Hinweis darauf, dass er dieser Sprache und Kultur fremd war. [47]

Chronologisches Diagramm

4. Jh., v. Chr. Kraftgetriebe

Klassisches Europa

3. Jh., BC Archimedes-Planetarium

2. Jh., v. Chr. Stereografische Projektion von Hipparchos

1. Jh., v. Chr. Hodometer und Wasseruhren von Vitruv

Chr. (*ca.*) Antikythera-Maschine

1. Jh., n. Chr. Hero Hodometer und Wasseruhren

2. Jh., n. Chr. Anaphorische Uhren aus Salzburg und den Vogesen

China

2. Jh., n. Chr. Chang Hong animiertes Globus-Hodometer

Fortsetzung der Tradition animierter astronomischer Modelle

725 Erfindung der chinesischen Hemmung durch I- Hsing und Liang Ling- tsan

Islam

807 Harun -al-Raschid

850 (*ca.*) Früheste erhaltene Astroloben

1000 Getriebeastrolab von Buruni

Europa

1000 Gerbert astronomisches Modell

ISLAM

1025 Äquatorium -Text

CHINA

1074 Shen Kua , Uhren und Magnetkompass

1080 wurde die Su- Sung-Uhr gebaut

1101: Die Uhr von Su Sung wird zerstört

INDIEN

1100 (*ca.*) Sūrya Siddhānta animierte astronomische Modelle und das Perpetuum mobile

1150 (*ca.*) Siddhānta Siroma ṇ i animierte Modelle und Perpetuum Mobile

ISLAM

1150 Saladin -Uhr

EUROPA

1187 Neckham auf dem Kompass

1198 Jocelin auf der Wasseruhr

ISLAM

1200 (*ca.*) Ri ḍ wān Wasseruhren, Perpetuum Mobile und Gewichtsantrieb

1206 al – Jazarī- Uhren usw.

1221 Getriebeastrolab

1232 Karl-der-Große- Uhr

1243 al - Konbas (Kompass)

EUROPA

1245 Villard- Glockenturm, „Hemmung", Perpetuum mobile

Uhr der Abtei Villers

1269 Peregrinus , Kompass und Perpetuum mobile

1271 Robertus Anglicus , animierte Modelle und „Perpetuum Mobile"-
Uhr

ISLAM

1272 Alfonsinische Korpusuhr mit Quecksilbertrommel, Äquatoria

EUROPA

1285 Drover's Wasseruhr mit Rad- und Gewichtsantrieb

Französisches Getriebeastrolab um 1300 (*ca.*).

1320 Richard von Wallingford astronomische Uhr und Äquatorium

1364 de Dondis astronomische Uhr mit mechanischer Hemmung

späteres 14. Jh. Die Tradition der Hemmungsuhren wird fortgesetzt und
degeneriert zu einfachen Zeitmessern

Es gibt daher gute Gründe, die mittelalterliche europäische Tradition zu
unterstützen, dass der Magnetkompass ursprünglich aus China stammte,
obwohl man nicht gut zugeben kann, dass die erste Nachricht davon, wie die
Legende besagt, von Marco Polo gebracht wurde, als er 1260 nach Hause
zurückkehrte Es könnte durchaus zu einer weiteren Welle des Interesses
gekommen sein, die den Anstoß für Peter Peregrinus zu dieser Zeit gab, aber
eine frühere Übertragung, vielleicht entlang der Seidenstraße oder durch
Reisende auf Kreuzzügen, muss postuliert werden, um die Beweise in
Europa zu erklären, *ca.* 1200. Der frühere Zustrom spielt in unserer
Hauptgeschichte keine große Rolle; Es kam in Europa an, bevor die
Übertragung der Astronomie aus dem Islam so weit fortgeschritten war, dass
Protouhren zu einem interessanten Thema wurden. Für eine zweite
Übertragung haben wir bereits gesehen, wie sich die relevanten Texte zu

häufen scheinen, in Frankreich *ca.* 1270, um einen Komplex, in dem die Protouhren mit den Ideen des Perpetuum Mobile und mit neuen Informationen über den Magnetkompass kombiniert zu sein scheinen.

In dieser Arbeit geht es darum, dass ein solcher Komplex existiert, der sich über die Geschichte der Uhr, der verschiedenen Arten astronomischer Maschinen und des Magnetkompasses erstreckt und auch den Ursprung der „selbstbewegenden Räder" einschließt. Es scheint einen Weg zu verfolgen, der von China über Indien und den östlichen und westlichen Islam reicht und im Europa des Mittelalters endet. Dieser Weg ist nicht einfach, denn die verschiedenen Elemente erscheinen von Ort zu Ort in unterschiedlichen Kombinationen, manchmal kann eines dominant sein, manchmal fehlt ein anderes. Nur wenn man es als Ganzes betrachtet, war es möglich, die Fäden der Kontinuität herzustellen, die, so hoffe ich, weitere Forschung ermöglichen, die Sackgassen der Vergangenheit umgehen und schließlich zu einem vollständigen Verständnis der ersten komplizierten wissenschaftlichen Maschinen führen werden.

FUSSNOTEN:

<u>1</u> Diese traditionelle Sichtweise kommt in fast jeder Geschichte der Uhrmacherkunst zum Ausdruck. Eine ultimative Quelle für viele davon waren die beiden folgenden klassischen Abhandlungen: J. Beckmann, *A History of Inventions and Discoverys* , 4. Auflage, London, 1846, Bd. 1, S. 340 ff. AP Usher, *Eine Geschichte mechanischer Erfindungen* , 2. Auflage, Harvard University Press. 1954, S. 191 ff., 304 ff.

<u>2</u> Es gibt umfangreiche Literatur, die sich mit der späteren Entwicklung von Perpetuum Mobile-Geräten befasst. Die umfassendste Behandlung ist H. Dircks , *Perpetuum mobile* , London, 1861; 2. Auflage, London, 1870. Soweit ich weiß, gab es vor der Renaissance kaum Diskussionen über die Geschichte solcher Geräte.

<u>3</u> Zur frühen Geschichte der Zahnräder im Westen siehe C. Matschoss , *Geschichte des Zahnrades* , Berlin, 1940. Auch FM Feldhaus , *Die geschichtliche Entwicklung des Zahnrades in Theorie und Praxis* , Berlin, 1911.

<u>4</u> Ein allgemeiner Bericht über diese wichtigen archäologischen Objekte wird veröffentlicht von J. Needham, *Science and Civilization in China* , Cambridge, 1959(?), Bd. 4. Die Originalveröffentlichungen (auf Chinesisch) lauten wie folgt: Wang Chen-to, „Untersuchungen und Reproduktion in Modellform des nach Süden gerichteten Wagens und Hodometers", *National Peiping Academy Historical Journal* , 1937, Bd. 3, S. 1. Liu Hsien-chou, „Chinesische Erfindungen in der Uhrmacherkunst", *Ch'ing-Hua University Engineering Journal* , 1956, Bd. 4, S. 1.

<u>5</u> Für Illustrationen ineinandergreifender Würmer in indischen Baumwollspinnereien siehe Matschoss , *op. cit.* (Fußnote <u>3</u>), Abb. 5, 6, 7, S. 7.

<u>6</u> Es ist interessant festzustellen, dass das chinesische Hodometer zeitgleich mit dem von Hero und Vitruvius war und im Design sehr ähnlich war. Es gibt keinerlei Anhaltspunkte, anhand derer entschieden werden könnte, ob es sich möglicherweise um eine spezifische Weitergabe dieser Erfindung oder gar um eine „Reizdiffusion" handelte.

<u>7</u> Eine Zusammenfassung des Inhalts der Manuskriptquellen, illustriert durch die Originalzeichnungen, wurde von H. Alan Lloyd veröffentlicht, *Giovanni de Dondi's horological masterpiece, 1364* , ohne Datum oder Aufdruck (?Lausanne , 1955), 23 Seiten. Es sollte Es ist anzumerken, dass de Dondi es ablehnt, die Funktionsweise seiner Kronen- und Folioot-Hemmung zu beschreiben (obwohl diese gut illustriert ist), indem er sagt, dass es sich um eine „gewöhnliche" Variante handele und der Leser nicht hoffen müsse, sie

zu verstehen, wenn er solche einfachen Dinge nicht verstehe Komplexität dieser mächtigen Uhr. Aber das kann in hohem Maße Angeberei sein.

8 Siehe beispielsweise die Zeittafeln des 14. Jahrhunderts und die späteren Erwähnungen von Uhren bei E. Zinner , *Aus der Frühzeit der Röderuhr* , München 1954, S. 29 ff. Leider neigt diese sehr vollständige Behandlung dazu, die tatsächlichen und legendären Quellen vor der Uhr von de Dondi zu verwechseln ; es akzeptiert auch die sehr zweifelhaften Beweise für die „Hemmung", die Villard von Honnecourt angeführt hat (siehe S. 107). Eine ausgezeichnete und vollständig illustrierte Darstellung monumentaler astronomischer Uhren auf der ganzen Welt liefert Alfred Ungerer , *Les horloges astronomiques* , Straßburg, 1931, 514 S. Die verfügbaren Berichte über die Entwicklung des Planetariums seit dem Mittelalter sind sehr kurz und weisen vor allem schwache Angaben zur Frühgeschichte auf: Helmut Werner, *Vom Aratus-Globus zum Zeiss-Planetarium* , Stuttgart, 1957; CA Crommelin , „ Planetaria , eine historische Übersicht", *Antiquarian Horology* , 1955, Bd. 1, S. 70-75.

9 Derek J. Price, „Clockwork before the clock", *Horological Journal* , 1955, Bd. 97, S. 810 und 1956, Bd. 98, S. 31.

10 Für die Verwendung dieses Materials bin ich meinen Co-Autoren zu Dank verpflichtet. Mein Dank gilt auch dem Cambridge University Press, der in naher Zukunft unsere Monographie „Heavenly Clockwork" veröffentlichen wird. Einige der Ergebnisse dieser Arbeit sind in kürzerer Form als Hintergrundmaterial für diese Monographie enthalten. Ein kurzer Bericht über die Entdeckung dieses Materials wurde von J. Needham, Wang Ling und Derek J. Price veröffentlicht: „Chinese astronomical Clockwork", *Nature* , 1956, Bd. 177, S. 600-602.

11 Für diese Übersetzungen klassischer Autoren bin ich Professor Loren MacKinney und Miss Harriet Lattin zu Dank verpflichtet, die sie für eine heute aufgegebene Geschichte der Planetarien gesammelt hatten. Ich bin dankbar für die Gelegenheit, ihnen hier die verdiente Erwähnung zu geben.

12 AG Drachmann, „The plane astrolabe and the anaphoric clock", *Centaurus* , 1954, Bd. 3, S. 183-189.

13 Eine ausführlichere Beschreibung der anaphorischen Uhr und verwandter Wasseruhren findet sich bei AG Drachmann, „ Ktesibios , Philon und Heron", *Acta Historica Scientiarum Naturalium et Medicinalium* , Kopenhagen, 1948, Bd. 4.

14 Erstveröffentlichung durch O. Benndorf , E. Weiss und A. Rehm, *Jahreshefte des & ouml;sterreichischen archäologischen Institut in Wien* , 1903, Bd. 6, S. 32-49. Weitere Einzelheiten zu seiner Konstruktion habe ich in *A History*

of Technology , Hrsg. gegeben. Singer, Holmyard und Hall, 1957, Bd. 3, S. 604-605.

15 L. Maxe-Werly , *Mé moires de la Socié;té ; Nationale des Antiquaires de France* , 1887, Bd. 48, S. 170–178.

16 Der erste endgültige Bericht über die Antikythera-Maschine stammt von Perikles Rediadis in J. Svoronos , *Das Athener Nationalmuseum* , Athen, 1908, Textband I, S. 43–51. Seitdem sind weitere (zumeist sehr dürftige) Fotografien aufgetaucht, und es wurde ein Versuch einer Rekonstruktion durch Konteradmiral Jean Theophanidis , *Praktika* , *unternommen tes Akademias Athenon* , Athen, 1934, Bd. 9, S. 140-149 (auf Französisch). Ich bin dem Direktor des Athener Nationalmuseums, M. Karouzos , zutiefst dankbar, dass er mir eine hervorragende neue Fotoserie zur Verfügung gestellt hat, aus der jetzt die Abbildungen 6-8 stammen.

17 H. Diels & Uuml;ber die von Prokop beschriebene Kunstuhr von Gaza, *Abhandlungen* , *Akademie der Wissenschaften* , Berlin, Philos.-Hist. Klasse , 1917, Nr. 7.

18 LA Mayer, *Islamische Astrolabisten und ihre Werke* , Genf, 1956, S. 62.

19 Die folgende Übersetzung ist zitiert aus J. Beckmann, *op. cit.* (Fußnote 1), S. 349.

20 E. Wiedemann, „Ein Instrument das die Bewegung von Sonne und Mond darstellt , nach al Biruni ", *Der Islam* , 1913, Bd. 4, S. 5.

21 Ich bedanke mich beim Kurator dieses Museums für die Erlaubnis, Fotos dieses Instruments zu reproduzieren. Es ist Punkt 5 in RT Gunther, *Astrolabes of the World* , Oxford, 1932.

22 Abulcacim Abnacahm , *Libros del saber* , Ausgabe von Rico y Sinobas , Madrid, 1866, Bd. 3, S. 241–271. Der Entwurf des Instruments wurde von A. Wegener, „Die astronomischen Werke Alfons X", *Bibliotheca Mathematica* , 1905, S. 129-189, ausführlich besprochen. Eine ausführlichere Diskussion der historischen Entwicklung des Äquatoriums findet sich in Derek J. Price, *The equatorie of the planetis* , Cambridge (Eng.), 1955, S. 119-133.

23 E. Wiedemann und F. Hauser, „Über die Uhren Ich bin Bereich d. islamischen Kultur, Nova *Acta ; Abhandlungen der königlichen Leopoldinisch-Carolinische Deutsche Akademie der Naturforscher zu Halle* , 1915, Bd. 100, nein. 5.

24 E. Wiedemann und F. Hauser, *Die Uhr des Archimedes und zwei andere Vorrichtungen* , Halle, 1918.

25 Es handelt sich um folgende Handschriften: Gotha, Kat. v. Pertsch . 3, 18, Nr. 1348; Oxford, Cod. 954; Leiden, Kat. 3, 288, Nr. 1414, Cod. 499 Warnen; und noch eine ähnliche, Kat. 3, 291, Nr. 1415, Cod. 93 Gol.

26 H. Schmeller , Beiträge _ zur Geschichte der Technik in der Antike und bei den Arabern , Erlangen, 1922 (*Abhandlungen zur Geschichte der Naturwissenschaften und der Medizin* Nr. 6).

27 Noch einmal schulde ich Professor Loren MacKinney und Miss Harriet Lattin (siehe Fußnote 11) Dank, dass sie mir ihre Sammlungen über Gerbert zur Verfügung gestellt haben.

28 Punkt 198 in Gunther, *op. cit.* (Fußnote 21). Ich bin den Behörden dieses Museums dankbar für die Erlaubnis, Fotos dieses Instruments zu reproduzieren.

29 Sotheby and Co., London, Auktion vom 14. März 1957, Lot 154. Der äußere Rand des Rete hat 120 Zähne.

30 Der lateinische Text der Abhandlung über Albion wurde von Rev. H. Salter transkribiert und in RT Gunther, *Early science in Oxford* , Oxford, 1923, Bd. 2, S. 349-370. Eine Analyse seines Designs findet sich in Price, *op. cit.* (Fußnote 22), S. 127–130.

31 Solche Beweise für die Existenz und Form der Uhr werden von Gunther, a. *a. O., gesammelt. cit.* (Fußnote 30), S. 49.

32 Ich habe diese neue Manuskriptquelle in „Two medieval texts on astronomical Clocks", *Antiquarian Horology* , 1956, Bd. 1, besprochen. 1, nein. 10, S. 156. Das fragliche Manuskript ist ms. 230/116, Gonville and Caius College, Cambridge, Blätter 11 ^{v}-14 ^{v} = S. 31–36.

33 *The Chronicle of Jocelin of Brakelond* ..., HE Butler (Hrsg.), London, 1949, S. 106.

34 CB Drover, „Eine mittelalterliche Klosterwasseruhr", *Antiquarian Horology* , 1954, Bd. 1, nein. 5, S. 54–58, 63. Da diese Wasseruhr Räder verwendet und Glocken schlägt, muss man die Hinweise auf literarische Referenzen zurückweisen, etwa von Dante, wo die Erwähnung von Rädern und Glocken als positiver Beweis für die Existenz gewertet wurde von mechanischen Uhren mit mechanischer Hemmung. Die Hin- und Herbewegung der mechanischen Uhrhemmung ist ein recht beeindruckendes Merkmal, aber vor der Zeit von de Dondi scheint es keinen literarischen Hinweis darauf zu geben .

35 *Annales de la Soci& eacute;t é ; Royale d'Archéologie de Bruxelles* , 1896, Bd. 1/8, S. 203–215, 404–451. Die hier zitierte Übersetzung stammt aus Drover, *op. cit.* , (Fußnote 34), S. 56.

36 L. Thorndike, *The sphere of Sacrobosco and its commentators* , Chicago, 1949, S. 180, 230.

37 Das Album wurde 1858 mit Faksimiles von JBA Lassus veröffentlicht. Eine englische Ausgabe mit Faksimiles von 33 der 41 Blätter wurde 1859 von Rev. Robert Willis, Oxford, veröffentlicht. Eine ausführliche Zusammenfassung dieses Abschnitts mit Abbildungen gibt J . Drummond Robertson, *The evolution of clockwork* , London, 1931, S. 11-15.

38 M. Jules Quicherat , *Revue Archéologique* , 1849, Bd . 6.

39 MC Fr& eacute;mont . *Origine de l'horloge & agrave ; poids* , Paris, 1915.

40 Hierfür habe ich die sehr schöne Ausgabe in englischer Sprache verwendet und zitiert, erstellt von Silvanus P. Thompson, London, Chiswick Press, 1902.

41 Siehe EGR Taylor, „The South-pointing Needle", *Imago Mundi* , Leiden, 1951, Bd. 8, S. 1-7 (insbesondere S. 1, 2).

42 Ich habe mich gefragt, ob das mittelalterliche Interesse am Perpetuum mobile mit der Verwendung des „Glücksrads" in Kirchen als Ersatz für das Glockenläuten am Karfreitag zusammenhängen könnte. Leider kann ich keine Beweise für oder gegen die Vermutung finden.

43 WE May, „Alexander Neckham and the Pivot Compass Needle", *Journal of the Institute of Navigation* , 1955, Bd. 8, nein. 3, S. 283-284.

44 WE May, „Hugues de Berze und der Kompass des Seemanns", *The Mariner's Mirror* , 1953, Bd. 39, nein. 2, S. 103–106.

45 H. Balmer , *Beiträge zur Geschichte der Erkenntnis des Erdmagnetismus* , Aarau, 1956, S. 52.

46 Die Sammlung ist der *Gami 'al Hikajat* ; die entsprechende Passage ist in deutscher Übersetzung in Balmer wiedergegeben. *op. cit.* (Fußnote 45), S. 54.

47 Balmer, op. *cit.* (Fußnote 45), S. 53.